J.I.巴刻 / 著　　李亚玲 / 译

虔敬的奥秘
—— 要道须知

TAKING GOD SERIOUSLY
Vital Things We Need to Know

上海三联书店

我的写作生涯

（代中文版序）

时不时有人会请教我：如何成为一名作家。梦想着出书的人以为我曾经与他们一样想当作家，而且找到了某种神奇的套路把书写出来。但我想，我的回答会让他们失望，因我从未想过要成为一名作家（我成为作家是出于神意的偶然）。我能帮助他们的，最多是解释我实际辛苦写作过程中所获得的感悟。那么我学到了什么呢？不过是三条规则而已。第一，有些值得说的话（或值得呈现的内容——若是写小说、传记或历史著作）。第二，了解你的目标读者，即你写作的对象，并且不断地问自己：这人对你刚写下的文字会作何反应？第三，在你思想和写作主题允许的范围内，尽可能让句子简短易懂，栩栩如生。这些是写作的沟通技巧，世上没有什么神奇套路，可以使你精通此道；只有不断自我批评并付出辛劳，方可做到这一点。

我开始出书的过程说明了这一点。回到二十世纪五十年代后期的英国，福音派信仰正受到新教自由派领袖的攻击。他们将福音派信仰称为基要主义（英国福音派人士决不会用这个词自表身份），他们批评它，说它缺乏学术水准，说它褊狭，因此在教会内外影响恶劣。我曾经被邀请在一次主题为

"狭隘思想抑或狭窄道路？"（Narrow Mind or Narrow Way?）的会议上发言，回击这种批判。会后不久，会议组织者寄来我的发言记录，请我将它变成一篇六千字的小册子发表。但是我希望让自己对圣经权威的声明足够有说服力，并且把批评者也纳入目标读者之列，在他们面前提出论据，清楚指出他们的错误，因此就需要长得多的篇幅。最终出版的是一篇六万字的论文，出版社给它定名为《基要主义与神的道》（"*Fundamentalism*" *and the Word of God*）。这个书名使我的写作看似在回应当时一本流行的批评性著作《基要主义与神的教会》（*Fundamentalism and the Church of God*）。这本书销量很大，我想这是该书主题使然，而且目前仍在印行。从那时开始，许多出版社一直请我为他们写书。

回溯 1958 年《基要主义与神的道》出版以来我的作品，我发现可以分为四类。它们论述的是我作为基督徒、牧师和神学教师生涯中主要关注的内容。对于每一方面，我会稍加阐述。

1. 圣经的权威。圣经正典都是上帝的默示；当每一条圣经教导按其自然含义来理解，当所有圣经教导合成了文献所要求的连贯整体的时候，圣经教导就是从上帝而来的真理，由上帝赐下，为了塑造我们的信仰，引导我们的生活；许多世纪前圣经作者奉上帝的名向他们同时代人所说的话，上帝每一刻都在向我们说。在现代之前，教会一致接受这些信念。小时候我并不相信这些，但在我 1944 年归信后不久，上帝就使我对这一点确信无疑。从那日直到如今，我一直努力捍卫和宣告圣经的权威。我把这一点看作是一切纯正神学、一切忠心讲道、一切真基督徒的信念与生活、一切真敬拜，以及信徒一切确据和盼望的基础性原则。加尔文以下这番话，对此问题的本质作了经典陈述：

那些内心被圣灵教导的人都真正地倚靠圣经，而圣经则是自我印证的……我们应当确信圣经的教导，而这确信是借着圣灵的印证而得的……我们确信（就好像我们直接仰望上帝自己的威严那样）人的传教事工传给我们的话语也完全是从上帝口中出来的……在此我所说的是每一位信徒内心的经验，虽然我的言语无法贴切地描述。（《基督教要义》I：7：5）

除了《基要主义与神的道》，我写的《神已经说话》（*God Has Spoken*）、《恩典与能力》（*Grace and Power*）、《字里藏珍》（*God's Words*）这几本书，以及许多文章和小册子，都在努力确立这一立场：正统基督教信仰的根基，是教导上帝笔之于书的话语，上帝的话语将关于基督的全备真理呈现在我们眼前。

2. 基督徒生活。成为真正的基督徒之初，我就感受到一些压力：我们应如何加深人与上帝的关系？今天这些问题被称为灵性问题：人如何能更好地与上帝同行？更讨上帝喜悦？更经常与上帝相交？更有力地抵挡试探？更在恩典中长进？被圣灵充满？等等。我慢慢发现，在二十一世纪的教会，这些已经变成了不那么受关注的问题，而我想要呼吁人们重新关注这些问题。出于这种关切，我写了《重寻圣洁》（*Rediscovering Holiness*）、《活在圣灵中》（*Keep in Step with the Spirit*）、《软弱之道》（*Weakness is the Way*）、《喜乐终老》（*Finishing Our Course with Joy*），另外还有三本与卡罗琳·尼斯特伦（Carolyn Nystrom）合写的著作：《信有蓝天》（*Never Beyond Hope*）、《点燃祷告之火》（*Praying*）和《寻求引导》（*The Will of God*，初版时书名为《保守我，引导我》[*Guard Us，Guide Us*]）。

3. 清教徒传统。在我基督徒人生的开始阶段，出于闲暇时的兴趣，我读了一本小书，作者是十七世纪的约翰·欧文，此人我之前从未听闻。这本小书的标题是：《论治死信徒身上的罪》（*Of the Mortification of Sin in Believers*）。它讨论了一个当时困扰我的难题，但从标题我却看不出来（因他用的"治死"一词，当时我还感到很陌生）。阅读本书使我的许多思想得到重整，让我看到我需要认识和践行的许多事，是我从前根本不知道的，因对我进行门徒培训的人从未提过这些事情。这经历令我深信，在基督徒灵修这个领域，清教徒是遭人遗忘的大师，而当代的导师经常在这方面不知头绪，我要承认，我如今仍是这么认为。在进一步研究清教徒灵修作品的过程中，我自己获益匪浅，并在适当的时候发表了研究著作。我盼望这些作品可以让这些清教徒牧师为人所知，让人看到书中所包含的智慧，并知道我们今日如何、为何需要这智慧。这一类作品有《寻求敬虔》（*A Quest for Godliness*，本书是对清教徒卓越之处的纵览，在英国以《置身上帝的巨人中间》［*Among God's Giants*］为题出版）、《清教徒肖像》（*The Puritans*，对主要清教徒牧师的描述）、《理查德·巴克斯特思想中关乎人之救赎和恢复的观念》（*The Redemption and Restoration of Man in the thought of Richard Baxter*），以及《圣化的伤恸》（*A Grief Sanctified*，我编著的巴克斯特关于丧妻之痛的感人回忆录，附带论述清教徒理想婚姻和清教徒处理伤恸的文章）。我继续对清教徒推崇有加，视他们为基督教界与上帝相交的卓越导师。

4. 要理问答和要理问答教育。要理问答是使人作主门徒的一个层面，不管是自由派还是保守派，新教（更正教）人士忽视这种教育已逾一个世纪。结果就是，今天整体会众的信仰教育严重不足，令人悲叹。诚然，近年来查经小组在各间教会蓬勃兴起，但这与要理问答教育是两回事，它们并没有同样的教育果效。所谓要理问答，即对教会成员和慕道友就教会所领受的圣经信仰进行系统的教导，这是基督教最初几个世纪各地通行的做法。这一传统在改教家和清教徒的年代再次被恢复，那时许多优秀的要理问答得以印行发表。今天我们需要重拾这种做法——我心怀感恩地留意到，人们好像已经开始做这事。我在侍奉初期认识到这种需要，因此写了几本书。我盼望这些书能够成为恢复要理问答教育所使用的资料。它们包括《在基督里长进》（*Growing in Christ*，本书是对使徒信经、主祷文、十诫和洗礼之约的基本诠释）、《基督徒须知》（*I Want to be a Christian*，这是前本书的一个早期版本）、《认识神》（*Knowing God*）、《认识基督教信仰》（*Knowing Christianity*）、《简明神学》（*Concise Theology*）、《虔敬的奥秘》（*Taking God Seriously*）。另外还有与盖里·帕雷特（Gary Parrett）合著的《立定根基》（*Grounded in the Gospel*，一本研究要理问答原则和步骤的书）。最近我也有幸和一些人一起为北美圣公会联会（the Anglican Communion in North America）撰写一份全面的新版要理问答，其标题为《做个基督徒》（*To Be a Christian*）。只要一息尚存，我会继续为此大声疾呼：在所有教会重新开展针对每一个会友（不分老少）的要理问答教育。

巴　刻

写于 2015 年 3 月

目录

引言

我们西方世界非常注重饮食,这不足为奇。电视广告、报纸和杂志里的广告、路边广告牌、食品店单张、杂志专栏以及整本有关饮食的刊物,都不遗余力地把美食的诱惑和乐趣活灵活现地展示在我们面前。餐馆把自己的特色菜品陈列在我们周围,快餐店和咖啡屋随处可见,超市里储存的海量美味食品也在争夺着顾客的青睐。这样一来我们就存储过剩,最后丢弃吃不掉的或是变质的食物,这一点都不奇怪。同样不足为奇的是暴饮暴食,并且由于乱吃零食引发的肥胖也成为今天的大问题。食物供应对我们而言完全不是难题。

但是,并不是所有地方都是如此。

有二十多亿人,接近全球人口三分之一,由于当地经常性地缺乏食品供应而营养不良,且长期处于饥饿状态。那么,那些处于饥荒中的人是否总感到饥肠辘辘呢?非也。就如我们都经历过的那样,不但专注于其他事物会让人长时间感觉不到饥饿,而且很不幸地,人的身体很可能因为习惯了饥饿而进入低能耗状态。于是精力衰退,食欲不振,整个人无精打采。如果我们没有亲眼看过饥荒,至少也在电视里见过:饥荒使人目光呆滞、面容枯槁、行动缓慢,连说话也迟钝了,整个人都失去了活力。这些人虽然还活着,但他们面黄肌瘦的漠然表情却告诉人们食物的缺乏是如何在戕害他们。他们急需规律且充足的饮食,所以很多文明程度高的国家把饥荒救济放在高度优先的地位。

营养不良对人为害良多,但其并非仅仅是由饥荒引起的。

长期不均衡的饮食,比如缺少蛋白质,热量摄入不足,也可造成同样后果。厌食症会让自己落入"饥荒"。所以在丰裕的环境里人仍然可以变得衰弱。可悲吗?是的,但正如我们所知,这是事实。

营养不良的信徒

举上面的例子是为说明我写作此书的缘由。随着时光逝去,我心中日益沉重。因为西方越来越多保守教会的信徒(不论是新教的还是罗马天主教的),如果没有挨饿,至少也因着缺少一种特别的牧养而严重营养不良。

他们所缺少的正是教会最初几个世纪以及西欧基督教改教时期和天主教反宗教改革时期教会生活最重要的一项事工,可这事工近年来在很大程度上被弃之一边。这一事工就是**要理问答**(catechesis),包括有计划、有次序地教导基督徒蒙召要凭之生活的真理,也同样伴随有计划、有次序地教导信徒如何将之活出来。

对所有信徒都至关重要的一项操练

针对不同年龄群有不同层次的要理问答。要理问答是——或者应当是——针对教会中下自九岁孩童、上至九十岁老翁之会众必不可少的持续性门徒训练,因此其角度、风格以及侧重点也自然不尽相同。要理问答有不同的方式:一问一答式;先以口述或书面的方式呈现真理,接着带领大家小组讨论;先帮助大家背诵,然后展开解释以示强调;或者是学校里老师面对全班学生拿着粉笔一边走动一边讲解的传统教导方式。不管方式如何,所有这些其实都在做同一件事。圣经简单地称之为教导,在这基础上我们可以进而称之为门训。

要理问答虽然基于圣经却不完全属于查经。要理问答虽然能够激起对圣父、圣子和圣灵的委身和爱慕,但其本身是一种在神面前的思想训练,而不直接针对圣三一或其中任何一位。其最终目的是培训信徒能够明白自己的信仰;

11

可以答疑解惑，回应怀疑者；能够在传福音、教会团契以及其他一些场合，以许多不同形式服侍神和人的时候运用这些基本真理。作为一种培育式教导，要理问答类似飞镖盘、枪靶或箭靶的最内环。查经聚会和祷告聚会可以打到靠外的圆环，但要理问答这种持续性的教导和门训的过程则直击靶心。事实上，针对各年龄层的要理问答在今天绝大多数教会的教导大纲中已经消失，这实在是一个重大损失。正如我上面所说，这种缺失导致出现很多营养不良的基督徒，他们因此变得灵性滞缓。

基督教真理及应用

要理问答的好处在于它把基督教真理（即正统信仰）的框架及其在基督徒生活中的应用（也就是今天人们常说的"顺服"或"正统行为"）连接起来。有几篇新约教牧书信就是典型的例子。现在我们就一起看看其中两篇：保罗的《罗马书》和未署名的《希伯来书》，后者是写给有犹太背景的基督教会的。两封书信都是：（1）**宣道式的**（kerygmatic），就是宣讲耶稣基督的救恩，和（2）**教导式的**（didactic），按逻辑层次呈现一系列基础的思想。因此，它们是（3）**问答式的**（catechetical），展示正确的信仰如何要求正确的生活与之相配，也就是以积极的信心回应如下真理：基督的十架受死、复活升天和作王；在基督里和借着基督我们所拥有的福分；

以及天父实行救恩的计划和我们的盼望。(《歌罗西书》《以弗所书》和《彼得前书》有同样的要理问答的特征,但我们不在此细看。)我们一旦了解到两封书信的教导内容,以及作者希望对读者产生的影响,就会立刻清楚看到它们的要理问答的特征。

尽管《罗马书》和《希伯来书》的**受众**截然不同(《罗马书》主要写给非犹太基督徒,而《希伯来书》主要写给犹太基督徒),尽管两位作者**风格**迥异,并且受众的处境也各不相同,我们仍然可以看到两卷书以互补的方式谈到的如下必要且基本的**教导**。

两个正面要点

1. 两位作者都带着权柄宣告神借着耶稣基督——救恩的成就者——来启示自己。

耶稣基督是神的儿子,是三位一体中的神圣位格之一,当像圣父那样受人敬拜(罗1:4,9:5;来1:1—14)。

耶稣基督是道成肉身的神的儿子,既有完全的人性,又有完全的神性。天父因着爱差遣耶稣基督来到世间,为要拯救罪人(罗1:3—7,16:25—27;来2:5—18)。

耶稣基督顺服天父的旨意,舍去自己的生命作为赎罪祭,因神的大能他从死里复活,永远活着并掌权,有一天还要再来施行最后的审判,并成全使我们脱离一切罪恶的救恩。通过耶稣基督这位中保，罪人可以与神和好、被称为义、罪得赦免，到神那里的门永远为相信的人敞开。借着耶稣基督，原本有罪的人被收养成为神家的一员，与基督同为后嗣，神应允以永远的爱来爱他们（罗2：5—16，3：21—5：21，8：15—23、31—39；来2：10—18，8：1—10：23，12：5—11、22—24）。

耶稣基督是坐在宝座上的主，基督徒当敬拜他、呼求他、信靠他，并一生来事奉他（罗10：8—13，13：14，14：17—18；来4：14—16，12：1—3，13：7—15）。

耶稣基督借着信徒的信心与他们联合，以此赐下他复活的生命，信徒在观念和行为上不断追求完全像基督的这一转变过程，是圣灵做成的，并在洗礼中体现出来（罗6：1—7：6；来8：10—12，10：16—17）。

2. 针对蒙救赎的罪人需要的回应，两位作者都给出了教牧指导。

信心是必需的。信心是一个新约术语，是指要全心全意接受、信靠并顺服神。这信心指向三个对象：神的话语，就是旧约及使徒作者的教导；神的各种应许；还有神的儿子自己。信心是相信＋委身、确信＋忠诚，以及奉献＋追随基督。信心来自对福音的理解，对福音的理解来自对福音的学习，对福音的学习来自所受的教导（罗1：16—17，4：1—5：11，10：5—17，14：1—4、20—23；来2：1—4，3：1—6，4：

13

14—16,5：11—6：12,10：19—12：2)。

悔改是必需的。悔改是信心的一个功用,是对之前的自我中心、服务于罪的习惯和行为深感忧伤并从中回转,进而转向基督,成为他忠心又顺服的跟随者,不断悔改并一生追求圣洁(罗2：4,6：12—23,13：12—14;来6：1—6,12：1—4、14—17)。

盼望及由此而生的**忍耐**是必需的。两者都是信心实践的功能。盼望是源自神的保证,使信徒确信好事将临;忍耐是在面对各种试探并想要放弃时仍然紧抓神所赐的盼望(罗5：1—5,8：23—25,15：4—13;来3：6,6：11—20,10：23,11：13—16)。

爱是必需的。神、其他信徒和自己的邻舍都是爱的对象。对神的爱意味着感谢他的恩典,并致力于遵行他的旨意,讨他的喜悦。对信徒的爱意味着欢迎他们进入基督徒的团契,并与他们保持这种团契,照顾他们身体和灵性的需要,鼓励他们进行门训,并要小心避免无意中绊倒他们。对邻舍——不论他们是谁——的爱意味着善待他们,帮助他们,做对他们有益的事,与他们分享资源,并放弃一切形式的报复或以牙还牙的行为(罗8：28,12：6—13,13：8—10,14：13—22;来10：24—25,13：1—5、15—16)。

14

神教会的砖石

上述两个正面要点是这两封书信进行要理问答的基

础,为要训练每个信徒,他们是神教会的砖石。门训的下一个阶段就是传授与教会及教会生活相关的教导,这些教导都是以圣经为基础的(为此,有人说保罗写给以弗所教会以及写给提摩太和提多的书信是新约提供这些教导的首要资料)。

我们应当注意到《罗马书》和《希伯来书》中都展示了这些强调过的要点,也就是门训的精髓。这些内容中的大多数都出现在直接或间接的纠正性语境中。在这些地方,作者指明信仰上的错误、不足之处和遭人误解的观念,为要帮助信徒避免它们。厘清思路,即教导"不是什么而是什么"的过程,就是要理问答本身的一部分。教育者都知道,就如在黑板上白色看上去更白,在白板上黑色看上去更黑一样,真理和谬误对比之下会显得越发清晰。所以,同样地,好的要理问答(教导加门训)就如教导圣经本身一样,需要同时具体指明正面和反面的推论,以使得理解与应用都足够明晰。

对所有基督徒灵性的牧养

对我来说,前言就是给读者的开场白,交待本书的目的、范围和波长(请允许我这么形容)。我希望前面这几页做到了这一点。本书是对成人要理问答的探索,可以帮助他们调整思路,形成对核心真理的判断,而这些真理今天经

15

常遇到挑战。因为这几章是分开写的，中间也有四个月的间隔，重复在所难免，恳请原谅。

作为一名圣公会信徒，我写作此书带有回应自己教会近来趋势的紧迫感。不过非圣公会的读者会发现自己宗派中也有一些相同的趋势，他们会看到本书也明显地针对他们的处境、挑战和担忧。所以，虽然我写作此书是为要帮助其他圣公会信徒信心增长并更趋成熟，但这种需要，或者说目的，却不是单单针对他们的。我所提供的例子源于我在圣公会的经历，我虽然是圣公会信徒，但首先我是个福音派信徒，并且我试图在写作时让所有福音派信徒（以及所有将要和应该成为福音派信徒的人）从中受益。每章后面列出的问题特别针对圣公会的状况，但我相信对于各地认真对待自己信仰的基督徒来说，这些问题对他们各自宗派领域的默想和讨论都是有帮助的。

所以我祷告求神使用这些内容：（1）使慎思的信徒在信仰上更加坚定，并有更清醒的头脑。（2）将他们从灵性的沉睡中唤醒——这种恶果是神学和灵性上的营养不良造成的。（3）帮助我们认真对待主耶稣和众使徒发出的前进的号令。他们要我们从所在之处开始，首先成为门徒，然后去使各处的人做主的门徒。这是基督徒的要务，愿神帮助我们认真对待。

第一章
认真对待信仰

　　如果一个人突发抽搐，当务之急是让他缓解症状，但长远来看仍需诊察其根源并加以治疗。今天的教会，包括普世圣公会亦是如此。普世圣公会人数超过七千万，在亚洲和非洲发展迅猛。加拿大圣公会公然决定祝福同性结合，就如祝福婚姻一样；此外美国也祝圣了一位同性恋者为教区主教，此人无耻地处于同性"结合"中。这些犹如一石激起千层浪，震动了全球圣公会。一些施压团体和领导联盟出现在圣公会的"老西部"（英国、北美和澳大利亚），他们决定为同性结合而战，直到其得到完全认可。由此引发的各省、各教区、各教会之间及其内部的冲突越来越尖锐，看来这些无望在近期结束。

　　我们要问的是，引发这些震动的根源是什么？想要超越这些我们需要些什么？我们必须面对的事实是：如何从教牧角度看待并帮助男女同性恋者,存在着许多观念上的冲突,而这些冲突来自一个更为根本的信仰上的分歧。我们目前的任务是对此进行描述并提出可行性建议。

信仰是什么？ 一个难以掌握的词汇

18

想要洞悉时下信仰的各种分歧并不容易,因为"信仰"一词本身就难以定义,对不同的人有不同的意义,而这点大家通常都没有意识到。"老西部"教会在祷告、讲道、阅读和讨论中都寻求一种统一或联合,通常把信仰说成是所有参与敬拜之人持有的共同财产,但是因为没有对其内容进行定义和分析,以致会众多年以来对自己教会的主张没有清晰的认识。一些神学家提出主张说,至少是在观念上,信仰不只是正统教义(对真理的信念),更是正统行为(在敬拜和服侍中活出真理,爱神爱人)——他们的说法到目前为止是对的。但是当一些人认为正统意味着许可某种行为,而另一些人却认为正统意味着排除这一行为,那就显明我们对赖以生存的真理缺乏共识,这正是我们现在必须审视的。

我们称之为宗教的各种生活方式(伊斯兰教、印度教、佛教、犹太教、巴哈伊教、伏都教、锡克教、新纪元和山达基教[Scientology,或称科学教]等等)常被人当做**信仰**,跟基督教的各种派别(罗马天主教、东正教、保守派新教和自由派新教)相提并论。这使我的任务变得错综复杂。此种应用使得所有宗教看上去都本质相似,这似乎是绝大多数后基督教西方人的看法,尽管在教会里这只是少数人的观点。还有,在谈到个体所认为的将来时,我们也用**信仰**一词。(比如:科学会使地球免于毁坏;今后将不再发生类似 1929 年的经济危机;各种失踪的人会活着回来;癌症会被击退;所有阴霾中都有一线希望;诸如此类。)这个词越来越被广泛地使用,使得之前基督教的精确度消失不见了,以致在现代西方语言中**信仰**这个词变成了一个含糊的术语,一个温暖模糊的词,不断流转于不同意涵之间。然而在新约里,**信仰**是个基督教术语,和世俗术语(比如:电脑、股息、飞机、扳手、阑尾切除术、课程表)一样有特定意义,其新约意义直到一个世纪之前仍是具体明确的。我们正是要归回其原本的意义。

19

当使徒讲到**信仰**时,他们心中想到的是什么呢?就是基督教的独特本质:亦即在信念和行为上对耶稣基督的委身。神人二性的主,来到世上,为罪受死,死里复活,升回高天,现在掌管宇宙,是天父的摄政王,将要再来审判众人,并把属自己的子民带入荣耀中,在那里属他的人要在无法想象的喜乐中与他同在,直到永远。这就是曾被教导的"那真道",在起初曾抵抗诺斯替调和论者的信仰(参看保罗在《歌罗西书》及约翰在其书信中所做的);不久这些就被载入历代信条(信条最初是用于教导寻道者基要真理),随着三位一体观念的明确，这些内容从那以后就成为主流基督教的核心。（改教家与罗马天主教辩论是否今世直接因信称义，但是辩论中没有人怀疑真正的信仰包含前面陈述的所有内容。）

所以，在新约中，信仰，即相信，有两个层面，它是对神在基督里自我启示的回应，这回应既是理性层面的，也是关系层面的。信仰不是单单听信——即赞同那"真道"；也不是委身于某个只是人所想象出来的神或基督。基督徒的信仰完全是受其对象形塑的，其本质也完全由其对象决定。这就像印章的形状完全是由一枚固定的章模压在热蜡上形成的一样。正如使徒作者、信经和圣公会基础公文集（信条、公祷书、训诫）所呈现的，基督教信仰对象有三重特性：首先，三位一体的神，创造者，成为救主，始终在历史当中，在基督里使罪人成为新造的人；其次，道成肉身的救主耶稣基督虽不再以肉身与我们同在，却通过圣灵极有大能地与我们每个人同在；第三，圣父和圣子邀请、应许、命令及确保所有接受耶稣做救主并成为他门徒的人，降服在耶稣的权柄之下，按他的教导生活，并且享受与他的团契。

所有这些都记载在圣经里，圣经是神为建立我们的信心而赐的启示之书。圣经中的信仰关乎对福音事实的认识（人物、地点及耶稣基督的工作），对福音内容的接受（罪中得救及有主同在的新生命），对福音所提救主的认识（在生活中跟随救主，舍己、背十架并进行牺牲的服侍）。相信圣经中启示的关乎神的事实和真理,并信靠这些事实和真理指向的那位永活的主,这是真实信仰的一体两面,一个是理性层面,另一个是关系层面,它们像音乐中的二部和声一样交织在一起。这种对信仰的理解需要重建。

前面提到过,现今**信仰**一词已经变成一个温和又模糊的词,在形容不论是其他何种形式的相信及行为时,其意义与基督教的意义时有重叠,但又与我们所谈的有重大区别。这种对信仰的模糊与对圣经教导的无知和对神话语的怀疑相并行。这些有关联吗?当然有。当教会不再把圣经当做属灵真理和智慧的最终标准时,就会开始在持守传统和顺应世俗间摇摆不定,这种状况持续一段时间后,对于何为信仰的实质以及如何适当地拥抱并活出信心的不确定性就必然增加。

21

目前对圣经有很多不同的解释路径,学者们对圣经含义的争论亦渐渐超出了常人的理解范围。所以即便把圣经当做标准,困惑和不确定性会减少吗?这是个好问题,要回答这个问题,我们需要花比以往更长的时间来更加努力地学习圣经。

圣经是什么? 信仰与说话的书

当今教会中大多数人甚至从未把圣经通读过一遍。把从头到尾通读圣经当做敬虔操练的基督教古老传统几乎已经消失。所以我们假定读者没有圣经知识的基础,从零开始介绍圣经。

圣经由六十六卷书组成，历时一千五百年成书。后二十七卷在一个世纪内完成：四部关于耶稣的叙述被称为福音书，一本初代基督教的记录叫做使徒行传，二十一封由权威教师写的教牧书信，以及一本耶稣基督最后通过口述和异象亲自赐予教会的劝诫。所有这些书卷都在讲述：人的生命因着并为着曾被钉十字架而今已得荣耀的神子而被超然地更新，他充满每位作者的视野，接受作者的敬拜，并决定每处经文中作者的思维方式。

圣经中宣称这位耶稣基督成就了基督教出现前的三十九卷书中的应许、计划和预言。这三十九卷书又分四类：**历史书**，告诉人们神怎样呼召并教导犹太人（亚伯拉罕的家族）来敬拜他、服侍他并以他为乐，预备他们迎接耶稣基督的到来；**先知书**，记载了通过先知传达给以色列人的神的信息，包括警告、盼望以及对忠心的呼吁；**诗歌书**，包括献给神和有关神的颂赞（《诗篇》），以及对男女爱情的歌颂（《雅歌》）；**智慧书**，是对神启示的回应，关涉如何赞美、祈祷、生活、爱以及处理生活中可能出现的问题。

基督徒称这两类文集为旧约和新约。**约**是指对承诺的委身，基督徒从保罗、《希伯来书》的作者以及耶稣本人那里领受的是：神向自己子民所持守的盟约和委身有两个版本。第一个版本从亚伯拉罕时期直到基督的时代，我们可以从经文各处看到该盟约是暂时的，并且有许多限制，就像

22

在钢筋水泥上建造临时木屋。第二个版本从基督时代直到他的再来，就像在原有地基上建造宏伟壮观的建筑。《希伯来书》的作者像耶利米的预言一样称这第二个建筑为新约，并通过基督加以解释(基督是其中心)。新约提供了比之前已知的更美的祭司职分、祭物、敬拜场所，以及一系列应许和盼望。基督徒把基督尊为新旧约真正的中心，旧约总是盼望并指向基督，新约则宣告他过去曾降临，现在在天上活着并为信徒代求，借着圣灵在地上做工，并且将来他会再临；他们认为这就是真正合乎圣经的解经的关键。自基督教伊始，基督徒就一直持守这观点。

基督徒把圣经称为神的话语——在圣公会信纲第二十条里称之为"写下来的神的话语"——有两个原因。第一个原因是其神圣来源。耶稣及其使徒一直把圣经当做神通过圣灵讲的话。神借着一些人作为中介传递信息，这些人的心被神感动，以至于在整个写作过程中写下神要他们写的内容。神命定他们所写的被纳入到他计划的整本圣经中。圣经的性质因此完全是神设计的，它可以也必须被当作神通过人类作者所作的自我见证，也就是**默示**(inspiration)。第二个原因是其神圣职能。当圣灵让我们明白经文内涵时，圣经就揭示了神对我们的心意，如此就使得我们"因信基督耶稣有得救的智慧"(提后3：14—17)。圣经传递关于神、他的恩典以及他儿子的信息这一特性是圣经的**媒介作**

23

用。你说的话形式上是用口头所做的表达,实质上则是思想的抒发,同样,圣经是神的话语:形式上是由上百万词语汇集而成,实质上是神对我们取之不尽的、以基督为中心、以救恩为目的的自我启示。圣经既是神赐予的,也是神借之赐下了他自己,因此它是历代基督徒信仰的标准。

基督教称圣经为**正典**(*canon*),表示其作为标准的地位。*Canon* 是个希腊词,意思是测量的杖,也就是标准。有人质疑这六十六卷新教正典是否把所有应该涵盖的经卷都收进去了,或者会不会有些经卷不该被包括在里面,但这种质疑是毫无根据的。以下三点是不争的事实:(1)我们的旧约正典是耶稣出生前在巴勒斯坦地区形成的;(2)初期教会确认由使徒执笔并/或使徒认可的文献具有神的权威,因此补充了旧约圣经;并且(3)他们也宣称旧约是基督教经书,预表了弥赛亚耶稣基督并伴随他而来的神国及新生命。

我们也没有理由担心教会在公元二至三世纪面对伪造的福音书、书信及历史著作时会弄错,尽管这些作品声称出自使徒之手。早期教会识别出了真正的使徒著作,并把其他的排除在外。正典之外也没有其他任何文献有资格被考虑纳入正典。在反宗教改革的特伦托公会议上,罗马天主教把十二卷前基督教次经纳入正典,这十二卷书是五世纪时哲罗姆从旧约圣经希腊文译本(七十士译本)中发现并加入他的拉丁文译本(武加大译本)的;但是由于这些书卷从

24

未出现在耶稣熟知的巴勒斯坦希伯来正典中,该会议的决定必然是个错误。只有列在圣公会信纲第六条和出现在所有印刷成册的圣经中的那些经卷,共同构成了神话语之正典,不多也不少。

所有属神的人都认同圣经作为神的话语具有权威——神的权威!其意思并不总是显而易见的,但主流的理解是:权威意味着支配的权力和主张。权威有时是被赋予的,比如把权力赋予政治领袖、军官、队长、警察等,但这里说的权威是固有的。神有权威是因为他是神,我们应当俯伏在他的权威之下,因为我们是他造的。谦卑并且向神敞开的人,在阅读和研读圣经时,或听别人宣读和教导圣经时,能意识到神是我们至高的、道德完美的、令人敬畏的创造主,认识到他在告诉我们有关他和我们之间关系的真理,并且领会到他在呼召——其实更是命令——我们信靠他并忠心于他、悔改并调整方向、舍己并顺服,把这当作通向他要我们现在体会并在今后享受的生活的道路。所有这些都以耶稣的言行为中心,他是教会永活的主,我们一再感受到他从书中走进我们的生活,为要接管并改变我们的人生。人们经历到,圣经是一本会讲话的书,它主动说话,把我们引向圣父和圣子,他们借着圣经亲口说话,赐给人赦免、接纳和新生。圣经的权威不单单在于神校正我们的心思意念,也在于神捕获我们的心,使我们完全委身于主耶稣,做他的门徒。所以我们在研习圣经时应当存敬畏之心,处理其中问

25

题时当谨慎并要祈祷。不应存任何猎奇心理,而应追求与神关系的进深。他创造了我们,爱我们,寻找我们,并借着主耶稣基督宽恕我们的过犯,赐给我们平安和行义的力量。

现代社会对这种读经方法几乎一无所知。教会要恢复、实践并在各处宣扬这种研习圣经的方法和态度,这至关重要。

两个世纪以来,在新教团体中,圣经和其他很多前现代事物一样饱受怀疑:圣经被指控在事实上存在错误、在灵性上缺乏正确判断、在伦理上无关紧要并在整体上反人类。曾几何时,多数西方人都了解那本"好书"里能够指引人们生活的一些内容,然而现在几乎没人知道或在乎圣经讲了些什么。不论家庭还是学校都不教授圣经,而且据说主日学虽然热衷于圣经故事,却未能让孩子们对圣经有整体的认识。虽然对圣经的批评和怀疑不断受到强烈反驳,但这却没有改变世俗的思想,也没有消除基督徒中对圣经的无知。然而,对圣经无知的后果是悲惨的,因其终将导致对神的无知。今天教会的当务之急或许就是在人们心中重建圣经信息的真理和智慧,以使他们明白,若要享受与神美好的关系,就需要了解圣经。

神是谁? 信仰和三一神

我们看到,认真对待信仰意味着认真对待这一事实:基督教拥有神所赐且永不改变的真理内容,因此我们必须认真对待圣经,把它当做我们满有权威的神启示自己的话语。因此我们当按圣经里启示的样子认真对待神。现在我们得看看神是什么样的神。

曾有个当代神学生,在回答了一个很宏大的考题后稳拿了个 A。考题问:"耶稣基督对我们所处的后现代有何意义?"回答只有三个字:"无所谓。"这道出了今天人们如何看待神:**神**这个词成了蜡做的鼻子,人想怎么捏就怎么捏,甚至捏得完全没有了鼻子的形状。幻想终究是不切实际的,我们必须了解有关永存之神的真理。当审判的日子,我们都将面对这位神;在今天,我们若允许圣经对我们说话,神就让我们遇见他。以下是圣经中关于这位神的简略描述。

首先,神是**圣洁**的。这即是说,神与我们迥然不同;他很奇妙,有时又很可畏。圣洁是个圣经术语,强调神之为神的特性,是神的诸多属性综合起来而有的特征——无限和永恒;全能、全在、全知;全然纯洁公义;完全忠于自己的目的和应许;在他所有的关系中都是道德完全的,并且施与完全不配得怜悯的人类不可思议的宽仁。神在圣洁中当受赞美和敬拜,因为他无时无刻不彰显其伟大和良善。《诗篇》中很多篇章都表达了这一点。

第二,神**满有恩典**。恩典是个新约术语,意思是爱那些讨人嫌的和不值得爱的。爱不是由被爱之人的某些特质唤起的激情，而是一个目标——希望其所爱之人优秀且喜乐：爱是给予，不计代价，爱是帮助有需要的人，哪怕对方不值得。新约聚焦在一个恩典的计划上，借着这个计划，神已经拯救并将塑造一个新人类群体来享受与他同在的无尽喜乐，这些人是从当下仍败坏、迷失的人类中选出来的。

27　　　第三，神是**三位一体**的。**三位一体**是教会用语，用来描述神内在的"既是一、又是三"的本质。教会创造该术语，是为了清晰呈现圣经已经启示的真理。新旧约均确认只有一位神，但新约清楚地告诉我们，神的三位格像个团队，一起实施拯救罪人和建立教会的恩典之工。首先是圣父，他计划了一切，派他儿子降世为人，并代替他的子民死在十字架上，使他们免受审判，得称为义（就是被赦免和接纳），成为神家里的成员，成为后嗣，只要他们相信耶稣。然后是圣子耶稣，道成肉身的神、天父的仆人、我们的中保，为我们死，为我们复活，为我们掌权并将为我们再来。他是我们的救主，我们蒙召成为他的门徒，我们当永远尊崇他。最后是圣灵，这位执行官是圣父圣子创造、供应及赐予恩典时实际的执行者。他把我们引向基督，让我们看到自己需要基督，呼召我们跟随基督，当我们接受基督时使我们与基督联合，借着圣礼、祈祷和团契更新我们，他在我们的新生命中，并借里面的生命让我们预尝天堂的喜乐。正如这三位一起成为祝福之源，他们也一起成为赞美、祷告和祝福的中心。新约作者们不断讲到这些。

我们在谈什么？不是三神论,那是说三位互不相干的神在合作,这最终会成为一种多神论。这里讲的也不是形态论,那是一个人分扮三个角色,像彼得·塞勒斯(Peter Sellers)在《核战狂人》(*Dr. Strangelove*)里演的那样,其实是神体一位论的一种。不是的! 圣经不容忽视地暗示这样一个教义——独一的神具有三个位格的"三而一"模式——你或许会说,这种三位一体论在新约里就像糖融化在搅动的咖啡里那样处处可见。这个事实超出了我们的理解范围? 是的。(毕竟我们只是受造物,发现我们对造物主有无法理解的地方一点也不奇怪。)这是新约启示的神圣团队诸位格间相互关系的一个确据吗? 又讲对了! 这是一个虽然我们不理解却需要确实相信的真理吗? 的确如此! 所以我们接受它为由使徒传承的可靠信仰,而教会使用的三一神论术语将之安全地保存起来,我们在继续探讨下去时要小心,不可忘记这一真理。

第四,神**为人类设立行为的典范和界限**。他的道德律出现在"十诫"及之后更详细的摩西律法中,也出现在先知书、耶稣的登山宝训及其他教导中。律法,在希伯来语中叫做**妥拉**(*torah*),这个词语原本不是指公共法规,而是家庭训诲,颁布时带着先辈的权威、美好的祝愿,为要建立家庭。我们当认识到的至关重要的一点是,神的律法表现出他圣洁的意旨并反映出他圣洁的本性,这律法适合被造人类的需要,使他们在遵守后有丰盛的生命。可以说这是创造者给人类的快乐生活指南,漠视它不单得罪神,也会毁掉我们的生活。神创造了我们,救赎了我们,让我们可以彰显他的形象,这不仅包括合乎理性且成熟的智慧,也包括与其身份相匹配的完美道德。他说:"你要圣洁,因为我是圣洁的。"(彼前1:15—16;利11:44)这意味着以顺服之心去爱,去敬拜神,并且以智慧之心去爱,去服侍人。我们总要讨神的喜悦;无视他,无视其他人,无视给我们的行为准则,这就是罪,需要悔改才能得到神的赦免。所有的罪都是确定无疑的越界,哪怕出于好意的犯罪也得罪神。圣经描述了很多神看为恶的行为模式,并明确禁止人去行。

29　　新旧约都有一个严格的准则:性需求——不管这种需求有多强烈——只应在一夫一妻的婚姻中得到满足,夫妻双方在婚姻关系中品尝的性愉悦可增益夫妻关系并促成生育。同性性行为是圣经明确禁止的。对这种行为的欲望必须竭尽所能靠着神的能力加以抗拒——正如对付其他引人犯罪的欲望一样。可以说,所有基督徒都在与某种形式的同样难控的欲望进行持续一生的争战,然而几乎没有什么欲望像同性恋那样,在西方社会,甚至在一小部分圣公会和其他教会中被称赞、粉饰。当然,拒绝任何形式的不当性行为都会有一种感觉,用耶稣的比喻来说,就像砍掉一只手或一只脚,或挖掉一只眼睛,就如去掉你的一部分,是你感觉生活不能缺少的一部分。但是圣经要求我们在生命旅程中不断坚决抵挡各式各样的试探，所有这些努力在短期里都会有这种相似的感受。C.S.路易斯在《开往天堂的巴士》（*The Great Divorce*）中如此描述：一只贪欲之蜥在一个人的肩膀上不停地低语，告诉他没有这些欲望人生就没什么好留恋的。但是让神处理掉那只蜥蜴，那人就会得到无法想象的自由。同性恋者面对的属灵争战不是只有他们才会面对的。我们都知道罪恶的欲望会怎样伪装成一个特例，好使常规给它让路，我们也很清楚知错犯错后那种无比沉重的罪咎感。对同性恋者的教牧关怀与对我们所有人的教牧关怀一样，包括加强每个人的自身力量来识别并对抗困扰他们的罪。

这就是圣经中的神——永不改变的神——不管教会身处何种文化。这是一位我们都必须面对的神。在今天这个时代，后基督教的快速变化在不断重塑着西方文化，真理必须在我们的信仰和见证中不断被强调。神是同一位，耶稣是同一位，基督教的核心与公元一世纪时一样，当时的异教徒世界完全被使徒们的见证颠覆了。

30

哪里出了问题？ 信仰及圣经真理的衰退

如前所述，神的真理当在神的权威中借着神写下的权威话语传递，理性当道，就是在信仰的领域自己说了算，其结果真的让人沮丧。随之而来的是:相对主义——废除一切信仰和行为的绝对标准;怀疑主义——怀疑一切长期存在的信念,似乎其古老历史本身自动摧毁了其可信性;多元主义——人们在混乱的处境中接受各种不相容的学说却对哪个都不认真;不可知论——"不知道""不确定""我不懂""我放弃""别烦我"等类的心境。我们今天对这些**主义**都很熟悉,它们在外面大肆招摇,也潜入教会。结果基督的教会令人痛心地软弱了。

大多数西方新教教会都曾经过的这一衰落过程分为两个阶段。第一阶段从十九世纪中叶开始,圣经批判、进化论、社会主义乌托邦思想及科学实用主义对圣经教导及基督教超自然现象提出质疑,以致整个关于基督、救恩、教会的信息开始变得模糊不清,基督教传统一直高举的教义之确定性也渐渐让人感到似乎没有根据,不可信。第二阶段始于二十世纪中叶,一些教师重新诠释圣经中的叙事,他们否认叙事确凿的真实性(神迹故事,包括耶稣由童贞女所生、身体复活和升天),认为那些是教会及信徒内在体验的象征性表达。他们把圣经法典当作现存最好的世俗公义观念来读,他们宣扬像这样宽松地用属灵喻意式的方法解读圣经才是唯一恰当的释经方法。其影响正如我们看到的,基督教成为有历史延续性的对神有超验感受的神秘主义和一种仁慈的态度,这两者都并非建基于任何历史事件,并且所有这些看上去很可能会洋洋自得地继续存在下去,即使有人说耶稣从未出现过,救人脱离罪的福音只是个传说。

今天在很多教会中——包括加拿大圣公会和美国圣公会,或者我们应该说是在他们的神学院里,在他们的神职人员的思想中,在他们的出版物中,也在他们会众的观念里——存在两种不同的信仰。一种是历史的信仰,也是本书试图说明的;另一种是变质的基督教,就是我们刚刚提到的。前者在历史上有重要影响力的《公祷书》中被阐明,它在加拿大 1893 年的《神圣宣言》(Solemn Declaration)里被赋予宪制地位。后者稍作修改后出现在《加拿大崇拜选用仪书》(Canadian Book of Alternative Services)及 1979 年的《美国祈祷书》(American Prayer)中。以利亚先知在迦密山上呼吁人们做出清醒的选择:"你们心持两意要到几时呢?若耶和华是神,就当顺从耶和华;若巴力是神,就当顺从巴力。"(王上 18:21)这也是对今天基督徒的呼吁。

教会,特别是圣公会,若想要再次影响周围的文化,最要紧的就是要坚定归回有关信仰之真正对象的古老智慧。其他新教教会也是一样。所有认真对待信仰的团体都要联合起来为着这样的回归而努力。

研习问题

1. 是否存在没有正统教义的正统行为？如果不存在，原因是什么？

2. 正统教义如何导向正统行为？举例说明如何导向或如何不能导向。

3. 你会怎样向一个不去教会的人解释信仰的本质？

4. 你会怎样向一个不去教会的人解释三位一体的重要性？

5. 哪种形式的教牧关怀和团契可以帮助一个人抵挡缠人的试探？

6. 如何能够达到并保持基督教道德上的忠诚？

7. 这个世界有智慧并且教会要与时俱进，这种说法对吗？为何不对？

第二章
认真对待教义

我们接下来要以问答的形式继续下去,并且开门见山,直抵核心。

教义的本质

问题一:教义是什么?

教义是神启示的真理,在教会中也借着教会阐明并教导,是为了教会和这世界的益处。

我们的"教义"(doctrine)一词源于拉丁文 *doctrina*,意思是"教导"。新约中与此一致的词是 *didachē*,意思相同。新约教会一开始是一群学习者的聚集,其中有些人也成了教导者,但所有人都蒙召一生学习、消化并活出使徒所传讲的耶稣基督的好消息,并要将此消息传与他人。"Disciple"

译自希腊文,是"门徒"的意思,其原意是"学习者"。教会被看做是门徒的团契,任何群体,若没有付出努力去更多了解基督,以新约的标准来看,基本上都不能称为教会。

新约特别提到这样一个教会,《希伯来书》就是写给他们的(犹太人基督徒)。看看作者如何斥责他们:"你们听不进去。看你们学习的工夫,本该作师傅,谁知还得有人将神圣言小学的开端另教导你们,并且成了那必须吃奶、不能吃干粮的人……惟独长大成人的才能吃干粮。"(来5:11—14)作者把这当做头等重要的属灵大事,他那直接的表述振聋发聩。让我们在继续下去的时候把这忠心服侍的例子常存在心里。

教导教义不单是通过讲道、要理问答和训导,借着书本和视听教材,也可以借着崇拜的模式(礼仪,文字的或非文字的;圣诗和灵歌)和信经、信仰告白、公会议和宗教会议的宣言。在这些场合学习到的教义,借助个人及小组查经而得到加强。通过所有这些方法,基督徒和会众们努力透彻地理解、清楚地表达并应用使徒奉基督之名教导初代教会信众的信息。对此属灵遗产的忠心是健全教义的标志,健全的教义会带来灵性的健康。背离属灵传统会产生错误的教义,轻则阻碍灵性成长,重则可将灵魂完全毁灭。所以基督教教义是教会的重中之重,是不容轻忽的。

认真负责地教导与学习教义,是以神启示了教义内容为前设的。教义不是一堆教会自己关于神的观点、想法和梦想，而是宣告神亲自显明并告诉我们的真理，这些真理记载在圣经中，供所有时代的人学习。教义显明，神使用他赐给我们的语言与我们沟通，他才是圣经的原作者，人类作者是他大能的代表，他们自始至终都在圣灵的引导之下写作。

从历史角度看，现在新教教会、特别是圣公会对教义的贬低和忽视很显然是所谓的"自由派思想"导致的，这种思想颠倒了圣经和世俗思想之间真正的关系，因其允许后者评论、批判、纠正前者，而不是反过来。那最初真正的信仰，仍然存在于罗马天主教、东正教和保守新教圈子里的信仰就是：圣经本质上是神通过人的见证和写作对自己的证明。这一信念是教义概念的基础，我们当自始至终在圣经的权威之下对其进行阐述、交流和辩护。教义所表达的内容——即事物真相如何，以及就神和人的关系而言，神如何看待万事万物——来自"神自己的圣口"（借用改教家加尔文所钟爱的表述）。

35

教会明确的教义之总纲和实质就是福音本身，即这样一个好消息：我们的创造主如何借着耶稣基督成为我们的救主。现代惯例倾向于把福音压缩成三重宣告，在传福音的语境下这三条内容的首字母分别是 A、B、C：

- 所有的人（All）都犯了罪，并要被神审判。
- 相信（Believe）主耶稣基督你就必得救。
- 承认（Confess）基督是你的救主。一生委身

（Commit）服侍他。（这两条算是买一赠一）

虽然这些是核心内容，但福音可远不止这些。新约中福音涵盖《使徒信经》中的所有内容：创造；圣子的道成肉身、受死、复活、掌权及再来；以及圣灵建立由蒙恩罪人组成的神圣、普世教会，使他们不再害怕被定罪，而是盼望天堂永远的喜乐。福音是对这救恩计划的详尽宣告，神要在他所爱的世人中完成这计划；还有对恰当回应的明证：信靠基督并悔改、好行为、爱神也爱人、心存感恩和喜乐的盼望。在基督为解救罪人死而复活的工作里，在圣灵从起初到末了不断激起人对基督和福音之回应的工作里，圣父借着荣耀圣子荣耀了自己，圣子是一切智慧和能力的管道，这智慧和能力显在创世之工中，如今仍显在神持续的护理中；圣子今天也借着自己得荣耀的肉身中不断地向我们传递那更新并拯救的完备恩典。

就如上一章提到的，与福音启示紧密相联的显然是三位一体的真理。圣父创造并拯救每个信徒是通过圣三一中另两位的工作。首先并且也非常基础的是圣子作为**中保**的事工。其次，成全圣子事工的是圣灵**赐予生命**的工作。《尼西亚信经》中称圣灵为赐予生命的主，他是圣父和圣子这两位指挥的执行者。在公元二世纪，主教爱任纽把圣子与圣灵比作神的两只手。这是一幅让人喜悦的图画。我们必须明白，三一神，我们的神，就如一个团队，三个位格在同一神圣联合体中同工，彼此完美地连结来完成一个巨大的、让人无法想象的计划：要建立一个由数十亿被赎人类组成的坚固团体；用创造的术语来说，其中的每个人都在完全重造的宇宙中成为极精密的个体，要与新宇宙的中心，就是中保耶稣基督永远同在。此刻恰当的反应应该是"哇！"或是其他类似的感叹语，因为我们无法想象活在这个混乱世界中混乱的我们怎会有如此荣耀的转变。毕竟，此时我们只能看到世界和我们的这一本相。

　　整本新约时而明白、时而含蓄，但对三一神的任务和目标的理解十分明显。虽然没有对三一论专门的讨论或定义，但这三一神事工的教义是真实可靠的，就如我们之前说的，像咖啡或茶里被搅拌均匀的糖。如果不触及圣父、圣子和圣灵同工的直接明证，就不能合乎圣经地解释福音，因此面对这种情况时我们要讲述神的三位一体。在三一论上妥协和反对三一论都会歪曲福音。

　　当公祷书带领我们祈求神使我们避免"错误的教义、异端和分裂"时，我们要明白错误的教义来自对三一真理的曲解。这是过去两个世纪中大规模发生在新教自由派阵营的事情，在那里一种基本上是神体一位论的神观被广泛接受。在此神学框架里，耶稣被贬低为神所充满的人，圣灵被贬低为神发射到世界上的能量，使徒的福音则被认为根本不存在。

37

教义的必要性

问题二：谁需要教义？

你需要，我需要，我们都需要。每个想要了解神的人都需要教义。就算大多数人都意识到宇宙中有一种超然的存在，但没有人能不先了解这超然存在——他是谁，他过去做了什么，现在在做什么，将来要做什么——就与其建立关系。因此我们需要教义。

教义是一张**地图**，一方面指引我们探索圣经字里行间的奥秘，另一方面指引我们在复杂的人生中前行，过圣洁的生活。教义是**眼镜**，透过它我们可以看到激流和沼泽中的踏石，行在生命路上。教义是生来灵里瞎眼者的**矫治手术**，不然我们无法找到生命路的起头。教义是**有关主耶稣基督的信息**，让人可以信靠他。可以说，教义对信念和行为方面的每个问题都提供了健康**食谱**。

在新教自由派和被其影响的团体中，教义的逐渐消失反映出一个让人困惑的观念，即认为跟随基督只是每个人自然的甚至是天生的宗教形式中的一种（其他宗教有其他形式）。由于自由派神学从一开始就寄生于主流基督教教义和敬拜的传统中，并且一直声称自己是教会的划时代产物，故其在教义上的偏离并不容易被直接看穿。自由派发言人擅长让自己听起来比实际上更像基督徒，正统信徒通

38

常看不清自由派观念——比如没有三位一体,没有童贞女生子,没有客观上的赎罪,没有身体复活和升天——会将他们引至何方。要理问答是基督徒牧养不可或缺的部分,就是传授基督徒赖以生存的基本教义和活出这些内容的基本准则,然而现今北美圣公会几乎完全忽视要理问答,其结果不言而喻,许多参加圣公会崇拜的中青年未接受教义教导而表现出的状况也一样。在这个问题上,跟随罗马天主教已经带领实行的要理问答并重建这一传统(就是对信仰教义严肃的教导及学习)是西方圣公会眼下最急迫的需要。其他新教团体也一样。

教义的范围

问题三:基督教基础教义涵盖哪些内容?

基督教要理问答应当包含的内容,不论是哪种形式(作为一种教与学的实践可以有很多不同形式),都已经被先前教会承认的一系列确信内容有效地加以界定。一方面,罗马天主教和东正教在教会观、圣礼以及与救恩相关的一些具体问题上有分歧,另一方面,宗教改革时期的教会和其后人之间在这些问题上也存在分歧,尽管在这些教义的重要性方面他们是一致的。至于在几个世纪里神的子民从圣经中提炼出的其他关键教义则一直被广泛认同。这些内容包括:三位一体,人在罪中堕落和迷失,基督的道成肉身、救

39

赎、复活、升天、现在掌权、将要再来审判,圣灵更新的工作,当下通过保惠师圣灵与基督的团契,以及天堂和地狱的永存。福音派保守基督徒特别声明保持对这些内容的认同,他们的跨宗派组织也正是建基于此,这些也在我和托马斯·奥登(Thomas Oden)的书《同一信仰:福音派的共识》(*One Faith:The Evangelical Consensus*)里有提到。

诚然,当人们试图解释圣经并总结其教导时,圣经自身必须始终是最终考量标准。因为这些历史性教义是在圣经的权威之下形成的,所以这些教义涵盖了全面的使徒福音信息,而该信息在每个新世代都历久弥新。几个世纪以来文化的改变可能使人们对经典教义的解释产生新的说法,以便能够更清楚地表达和理解。比如,四世纪的《尼西亚信经》——也是宗教改革正统教义的基础——关注圣子和圣父的关系,说圣子是"受生而非被造,与父一体"。但信经这里的意思可以用现代人更容易理解的关系性语言来表达,而这些表达方式在四世纪或十六世纪是不存在的。如果我们说"永恒的父所命名、指引、荣耀并高举办自己儿子的那位永恒者,与父同处独一神圣的实体与动能之内,且与父有无穷尽的合一;他永恒地与父、借着父且为了父而活",那么我们表达的是同一真理。有一种可能是,虽然这种超然关系的神秘感没有消除,人们也能更清楚地看到父与子的同在对于他们赞美、敬虔和顺服的生活意味着什么,那就是在他们个人的崇拜、委身和作门徒方面以基督为中心。

40

若要为现今成年信徒厘清圣经和教会教义历史，并把选出的内容按不同角度清晰明确地做出可行性区分，就需要搭建下列要理问答课程的主题大纲：

圣经的权威

列入正典的经卷是独一无二的，不仅因为里面讲述了神从创世之初直到将来的完满，也因为其整个成书过程中的双重作者身份：所有书卷都是人类作者以各自不同的方式对神的见证；同时也是神自己的见证，通过启示并借着自己所选的代笔人讲述自己。这是圣经书卷之启示（即神所赐予）的真正意思。因此，其中教导的总和及其实质当被视作神向所有世代启示的真理。神是永不改变的，因此，尽管从人的角度讲圣经书卷是过去文化的产物，但它们具有超越文化的权威。相信并顺服神的话向来是敬虔的基本框架，所以遵从圣经向来是教会的呼召和任务，也是每个基督徒的呼召和任务。通过圣经启示的真理，神的权威必定管理并塑造我们的信仰和行为。说到解经，圣经没有加密，大体上也并不晦涩难懂。圣经写作是为了让人能看懂，把他们引向神，并向所有预备好的人显示其中的意义。不论怎样，释经应当是追求圣经信息的完整性和一致性。当时常留心一个规则，就是"讲解一处经文的意思时不可与其他经文相违"（《圣公会信纲》第二十条）。

41 三位一体的事实

旧约时代,创造主,即以色列人所认识的耶和华(或译为"雅威"),不断借先知和《诗篇》作者之口坚称自己是独一真神。在此基础上,新约时代神借基督和圣灵的工作启示自己是三个位格的团队,这些我们之前介绍过。奥古斯丁这位西方教会著名的拉丁神学家认为并教导说神是一而又三的;东方希腊神学家凯撒利亚的巴西尔、尼撒的格列高利、纳西盎的格列高利(所谓的卡帕多西亚教父)认为并教导说神是三而又一的。两种说法都与圣经和谐一致,基督徒当承认并采纳。神是他,也是他们。怎么会这样?这是个奥秘。但这个奥秘是圣经启示的事实。如前所述,神总是在他(或他们)的联合中工作,就如一个团队,当处理经文中只出现一个神圣位格的段落时,把这概念存在心里,这是完全符合圣经的读经法。

神的至高

创造者掌管他所造之物,包括其中反叛的人类,这是圣经的基本观点。我们知道自己不是机器人,而是有自由、有理性的存在,因此在所做的事上我们对他人、对神都负有责任。然而另外有个事实是:圣父、圣子和圣灵每时每刻都在**护理**我们和这个世界(不然没有任何人或物可以存在),

所以三一神统管所发生的一切,他预见,也在某种程度上预定了一切。每个人自行选择的举动都包括在内。这又是个奥秘:我们无从知晓神**如何**统管这一切,他如此行也是圣经事实。整本圣经对神完全掌权的认识呈现在我们面前,这无疑是巨大的鼓励和支持。这意味着我们可以完全相信他会履行他的应许,完成他的旨意,会看顾他的子民,保守他们平安,最终带他们回家,借荣耀子(圣子是救主,是教会的头)荣耀自己,不仅当教会在今世经历朝圣之旅时如此,教会最终得享属天荣耀时亦如此。想到自己不可逃避地在神的手中并在他的统治之下,这会让反叛者心怀恼怒,但却给信徒带来极大的喜乐。

42

人的罪性

神在爱中创造了人类,并仍在创造每个人类成员,但这爱并未得到回报。相反,圣经向我们显明我们整体有罪,个体也都有罪,比如:不顺服、负有罪咎、被玷污(意思是脏),在神面前灵里没有指望,不爱他也不爱自己的邻舍(而我们原本应当如此去行),却完全自我中心,追逐私欲,自私自利。我们过着肤浅的生活,拼命粉饰太平,却没有意识到自己深处的败坏,但是当面对圣经的诊断时,我们无法否认:"因为从里面,就是从人心里发出恶念、苟合、偷盗、凶杀、奸淫、贪婪、邪恶、诡诈、淫荡、嫉妒、谤讟、骄傲、狂妄。这一切的恶都是从里面出来,且能污秽人。"(可7:21—23)耶稣基督如此说,他是神圣的读心者。听了所列出的症状,谁可说自己完全免疫？我们需要的救赎(就是拯救、解救、恢复和复原,带着被更新的力量去爱、去事奉、去敬拜,我们原应如此行)恰是神在基督里、借着他赐予所有接受基督之人的救恩。只有当我们了解自己何等深陷罪中、何等无助,我们才会真正地感恩。

43 耶稣基督,救主和主

"神如此爱世人*,甚至将他的独生子赐给他们,叫一切信他的,不至灭亡,反得永生。"(约3:16)"如此"不是"如此多",而是"如此这般,这样"。"赐给"指出圣子顺服地自我降卑,却不失神性,成为一个加利利少女的婴孩,做了贫穷的巡回布道者,最终为人类的罪忍受罗马十字架上的牺牲。圣父满有智慧的爱让他的爱子、人类的代表,承受神的圣洁对人类罪孽要求的公义惩罚,他替我们受罚,为我们尝了死和地狱的滋味。"永生"是在赦免和平安、爱和喜乐、敬拜和服侍、自由和满足中与神的团契,这是信徒的命定,从现在开始直到永远。"相信"要求人全身心地接受,这包括两个层面:在头脑中全然接受福音真理,以及在心中全然信靠福音真理提到的这位耶稣——他被钉十架、复活、永远

---

* 根据英文直译,和合本译为"神爱世人"。——译者注

活着并且统管万有。耶稣当被尊为承担罪的救赎者和掌权的主，相信他必能使人悔罪、成为他的门徒，这是一种真实的生命转变。

《哥林多后书》5：21中，保罗把基督对我们所做的称作一个伟大的交换："神（圣父）使那无罪的（"无罪"原文作"不知罪"），替我们成为罪（被当做罪的代表替我们被定罪），好叫我们在他里面（借着信心成就的与他的连结）成为神的义（如完全顺服的圣子一样被父完全接纳）。"换句话说，我们堕落生命的罪被放在基督身上，而他的义被放在我们身上：他受我们应得的刑罚，让我们得以自由。这是在恩典中因信基督得称为义。这里的连结要求我们与他同死同复活。保罗的榜样是："我已经与基督同钉十字架，现在活着的不再是我，乃是基督在我里面活着；并且我如今在肉身活着，是因信神的儿子而活，他是爱我，为我舍己。"（加2：20）所有真正的基督徒都与保罗有共鸣。

44

圣灵，给人生命和使人成圣

三一神的第三位，自亚当以来所有真正属灵的生命都从他而出，在五旬节赐下，内住于所有基督徒里面。他身为基督的灵，要为他们做三件新事：

1. 在他们心中见证他们与复活救主联合，见证他们被收养而进入天父的家里，见证他们与基督同为后嗣，基督是首生的。

2. 改变他们的品性，使他们更像耶稣，让他们可以行出各样美德，就如仁爱、喜乐、和平、忍耐、恩慈、良善、信实、温柔、节制（圣灵的果子，见《加拉太书》5：22—23）。这是成圣的过程。

3. 装备他们传讲和服侍，其实就是基督与他们同在，通过属他的人服侍他的子民。在基督的教会中应该是全员服侍，这当是各处通用的原则；每样恩赐都当使用，不用就是消灭圣灵的感动。

基督徒的生命是活在圣灵中的生命——敬拜、服侍、圣洁并与基督团契。是神加添给人力量活出如此生命。

在神计划中的教会

新约说教会是神的子民、圣父的家、基督的身体、信徒的团契并圣灵的团体。每个地方教会都是，也必须追求展示出自己是一个普世教会的小模型，一个表率、样本、范例，一个伟大实在的缩影。普世教会是神造的新人类群体，一个超越国界、多种族、多文化的社会，人群间原本的隔阂因着教会不断努力体现基督里的合一而被超越。神在这个世界关注的中心是呼召并建立普世教会来事奉元首主耶稣，

45

这也当是我们关注的中心。基督徒个人或信徒的小团体都享受神完全的爱和关怀,这点毋庸置疑!但他们不是神唯一的宠儿,他们断不可允许自己有这种想法或感受。所有基督徒都是普世教会的一部分,已在基督里合而为一的团体,我们都应当努力了解并活出那更超然的身份。

传讲并教导圣经、施行圣礼、一同敬拜祷告、教牧关怀和惩戒、彼此服侍和帮助、接触邻舍和其他人(既包括传福音,也包括好撒玛利亚人式的关注人的实际需要),这些活动应当是教会团体生活的主题元素。教会是超自然社群,与基督一同过着超自然的生活,又在基督里彼此团契,每个地方教会都当有创意地努力以各种恰当的方式显明这一点。

还有仁爱,意思是持久地关心别人的福祉,爱可以联络全德。

在我看来,在许多教会里,成人要理问答课程应当至少包括上面列出的七个题目及每个题目概述的主题,并且或许需要以每周一个题目的速度来进行(虽然有些主题可能需要两周的时间),这会带来真正的益处。我们对那些原本应该了解的题目和主题可能并不那么熟悉,而对教义的无知和生疏会让我们在发生辩论时处于下风。

教义与伦理

现今人们常常认为,基督教伦理学是一种对基督徒心

46

中因着普世之爱的内化而自然生发的感觉和冲动的独立研究。但事实并非如此，基督徒行为准则是由教义中的事实决定的。以下是三个例子。

尽力爱神并爱人如己的大诫命首先是指基督徒心存感恩，认识到并回应神在创造、护理和恩典中向我们展示的大爱；其次是呼召人忠心地效法神，他是按自己的形象造了我们的邻舍，并无条件地爱他(或她)。

禁止贪恋(第十诫)是从下面的认知发展而来：神给人的本是为了我们的益处。所以我们当对自己所有的知足，并好好加以利用，不要为了别人有而自己没有的烦恼，不要试图抢夺别人的东西。

婚姻和家庭的教义衍生出了对同性恋的禁止。圣经告诉我们神创造了两种性别，让异性相互吸引，伴随着快乐进入一生之久的一夫一妻式婚姻，建立稳固成熟的家庭；并且他创造了性，让人愉快地繁衍后代并坚固夫妻的关系。这也是神赐予并教导人的创造秩序，同性结合恰恰与此相悖。所以不管同性结合的人道德多高尚，对彼此多忠诚，同性身体结合都不可视作是圣洁的(2004年加拿大圣公会总会错误地说他们的结合是"神圣"的)，正如与兽交合也不可被视为圣洁的。神设下界限，对他的顺服包括遵守这些界限。不论现代社会怎么说，性都是为婚姻而设，婚姻也都是为异性而设。我们在堕落的自我中，都体会过不合宜的欲望，即或不是同性罪欲，也会是其他方面的，但我们必须分辨不合

宜的欲望(圣经中有明确说明)并加以拒绝,这是为了荣耀 47
神,也是为了我们灵魂的益处。

这些例子说明真正的伦理是遵行教义里宣称的真理。
正派的生活是以行为表达并歌颂圣经真理,而不是公然对
其进行反抗。正派生活的标准是借正确的教义界定的。基
督教道德则是根植于对神启示之真理的敬畏。

认真对待教义的对立面: 含混与迷雾

我不想以悲伤辛酸的文字作为本章的结束,但看上去
客观现实要求我这样来解释把教义当做儿戏会发生什么。

一位加拿大新闻工作者,像我一样是位侨民,他曾说加
拿大的大诫命是:"你当模棱两可。"他是针对选民说的,这
话不单触及那些政客,也触及教会领袖。在英国我听厌了
人们对我说模糊是圣公会的伟大美德,我原本希望回应加
拿大的呼唤可以让我远离这些,但事与愿违。作为一个把
真理和明确看做基督徒的首要素质,把对待真理闪烁其词
看做于人有害、于神无荣之事的人,我发现加拿大圣公会处
境极其可悲。

为证实我的担忧,在此指出:2007 年总会通过决议:
"祝福同性结合与加拿大圣公会(Anglican Church of
Canada,以下简称 ACC)的核心教义并不矛盾(意思是合乎
信条)。"该决议使他们陷入极度模糊状态而无法自拔。

是什么构成了 ACC 的"核心"教义？称其"合乎信条"并不解决任何问题，因为教父时期信经所宣称的是对圣经的共鸣，其本质是基于圣经的教义框架摘要，用以教导初信者，并不直接处理伦理问题。不过里面讲到神是创造者，所以可以说它们间接地暗示了上面提过的圣经关于婚姻和性的教义。当然，在信经产生的年代，基督徒坚决反对同性结合。因此可以推论说，信经本身必定认为总会的提案有问题，视其为不实之词或直接说是无稽之谈。如此一来，信经从一开始就毫无疑问地排除掉了这些同性恋说客要讲的内容。

从另一方面看，这提案从形式上来说的确含糊不清。"与……不矛盾"隐藏的含义是什么？如果这仅仅是说信经像圣公会信纲一样没提到同性恋，因此总会关于同性恋的提案就是无关紧要的小事，那么基本上辩论就回到原点。但如果其隐藏的含义是，信经并没有排斥为同性结合祝福，以此为原则，信条没有宣布排除就没问题，那么祝福同性结合在伦理上就成为中立的事（即不影响教会对主的忠诚及其自身健康的事，不管多少人反对，都得视做可接纳的教会行为），这样的话，同样的程序也可以为基督徒团契中的谋杀、奸淫、虐待、兽交等诸如此类的行为正名。总会也需要宣告这些与圣公会核心教义不矛盾。我觉得这种推理方式有些欠妥。（事实上，当然那个提案只是为了给下一个正式祝福同性恋行为的提案铺路，幸好后一个提案没有通过。）

　　这些要把圣公会带往何处？在混乱的迷雾中,总会的行为似乎使雾更浓。这整个故事是个警示寓言,告诉人们当教义未得到严肃对待,模糊性被利用以达到政治目的时,会发生什么。但在此我们没有时间深究此事。

　　为了自己的益处,所有的教会现在都当学习认真对待教义,我们都当对此心存渴望,都当为此祷告祈求。

研习问题

1. 你怎么定义教义？

2. 教导并学习教义是健康教会生活所必须的，你认同吗？

3. 你认为教会应该教导教义吗？

4. 你认为本章为成人列出的要理问答提纲：

   （A）太宽泛　（B）太琐碎　（C）正好

5. 你相信由于伦理存在于教义中，因此有关的诫命、禁令是对圣经事实的直接回应吗？

6. 你认同本章对 2007 年 ACC 总会处理同性恋一事的负面评价吗？如不认同，请陈述观点。

第三章
认真对待合一

　　我想没有人会选择生活在圣公会当下所处的这种持续的痛苦中，也没有哪位基督徒三十年前会想到普世圣公会走到今天的地步。

　　所发生的事没有什么秘密可言，因为圣公会近来的历史反映出了教会各处的分裂，回顾这段历史对我们来说是很好的教训。

圣公会面对同性恋议题的痛苦挣扎

　　十九世纪六十年代，同性恋行为几乎在整个西方世界中开始合法化。由此引发了同性恋政治运动，同性恋者步步为营，不单是争取被容忍，更是在社会各领域争取与异性婚姻一样的权利。其中有一派同性恋政治运动的目的是向教会施压,迫使教会承认同性恋者及同性恋行为在灵性上是健全的,承认同性结合与异性婚姻一样圣洁,承认有同性恋行为的人可以做领袖,承认某人因公开同性恋身份而被拒绝担任领袖是错误的。同性恋者被鼓励在生活的方方面面"走出来",以此促进同性恋平等。一些大城市开始有"同性恋游行日"。在圣公会及其他教会,要求按立现行同性恋者并向其开放所有教职的呼声日益高涨。

在 1998 年的兰贝斯大会上,圣公会的立场与罗马天主教、东正教以及基督教两千年的历史一致,明确声明同性恋行为违背基督教教义,不可接受。但到了 2002 年,在加拿大新威斯敏斯特教区会议上,主教接受了与会大部分人的要求,答应开始公开祝福同性配偶,致使有近百位代表宣布他们与该主教和区会的联合破裂,他们借着离开会场表明他们毅然决然的态度。这很让人痛心,但他们认为这位主教的做法是对圣经之明确禁令和福音对悔罪之明确要求的公然挑衅(见林前 6:9—11),该主教的决定让他们别无选择。他们的离开犹如一石激起千层浪,很快整个圣公会包括教区和教省层面都受到影响。显然,在我称之为"老西部"(英国、北美和大洋洲)的圣公会,同性恋事件被看做是正义的诉求,已经站稳了脚跟,而在亚洲及非洲的年轻教省,基督徒努力向其传福音的那些人(尤其是穆斯林),也认为同性恋行为是当受诅咒的。圣公会内部的巨变突出反映了自由派神学和历史正统基督教信仰之间的分裂,而圣公会公开承认并在建制方面委身于后者。圣公会团体面临分裂，破坏合一的指责从各方涌来。

我们的议程

这些将导入我们接下来的讨论。我们要一起探讨的不是同性恋政治运动引发的辩论，而是由此引出的关于基督徒合一的问题。圣公会现已分裂：谁破坏了合一？圣公会各教省彼此完全连结的国际兄弟情是真正基督徒合一的榜样吗？我们眼下需要了解并持守和珍视的符合使徒教导及耶稣祷告的合一是什么？我们会试图弄清这些以及与之相关的问题。

对基督徒合一的呼召

我们要先花时间仔细看两处新约中关于合一的经文。第一处在《约翰福音》17：20—23，这里耶稣为门徒的合一祷告。

我不但为这些人祈求，也为那些因他们的话信我的人祈求，使他们都合而为一。正如你父在我里面，我在你里面，使他们也在我们里面，叫世人可以信你差了我来。你所赐给我的荣耀，我已赐给他们，使他们合而为一，像我们合而为一。我在他们里面，你在我里面，使他们完完全全地合而为一，叫世人知道你差了我来，也知道你爱他们如同爱我一样。

"使他们合而为一，像我们合而为一。"在早期普世教会合一运动中，人们使用这段经文大做文章，倡导并寻求教会合一。然而很清楚的是，耶稣所想的不是任何形式的教会组织。他说的是一种四重的合一，具体如下：

首先是**观念**上的合一，意思是观念上和信仰上一致认识什么是事实和真理。父赐给子并子赐给门徒（17：22）的"荣耀"是神在耶稣基督所宣称的"恩典和真理"（1：14—18）的启示中的自我显现（"荣耀"在经文中常表此意）。这启示借着福音和圣灵带领灵里黑暗的人认识神并与神相交。耶稣之前的祷告中提到他那十一位忠心的门徒，他说："你所赐给我的道，我已经赐给他们。他们也领受了。"（17：8）对于耶稣来说，父与子在三位一体的合一中一起思考，父计划子一切的行动，子在一切所行的事上都认同父的心意（5：19—23，8：26—29，12：49—50），所以基督徒应当认同经文中记录的父和子的意念与教导。这就意味着基督徒想法一致，并就神的属性、意愿和工作有一致的看法，**正统**（字面意思是"正确的信仰"）就如此形成并被坚守。

第二是**灵命**的合一，这是在耶稣所称的"永生"里的合一，永生就是他的祷告里面说的："认识你独一的真神，并

且认识你所差来的耶稣基督。"(17：3)这意味着：(1)我们
承认神和主耶稣；(2)我们回应父与子透过使徒话语传递的
属灵影响，正如在这个世界中，活物会回应生理上的刺激；
(3)我们里面的更新，就如耶稣向尼哥底母描述的借水和圣
灵的重生(3：3—7)，是耶稣为我们的罪受死，把我们引向
他自己，成为我们生命的中心；(4)神赐予力量使我们可以
与世界和魔鬼抗衡，并传讲福音的消息(17：14—16、20)。
这四重含义的永生来自基督在我们里面的内住，使与之连
结的每个人都保持神圣的生命力，并借着与他的连结使我
们彼此连结。

55

第三，是**爱**的合一，这爱是由神对我们那救赎性的、改
变生命的爱所激发的(17：23、26)。我们的爱要以各种恰
当的方式荣耀并高举爱的对象：神和人。对神的爱，是借
着感恩的赞美、对神话语的忠心以及传讲恩典的福音；对我
们邻舍的爱，是借着向他们提供各种形式的服侍和帮助。
这是圣洁的爱，在各样所行的事上都持守神道德的标准。
这是超然的爱，向着主耶稣油然而发，只有借着他与信徒救
恩的连结，"我在他们里面"(17：23)，这爱才成为可能。

第四是**宣教事工**上的合一。当圣子道成肉身来到世
界，父和子，差遣者和被差遣者，用今天的话来说是一起同
工，在爱里施行救赎的工作。圣子复活后命令门徒："父怎
样差遣了我，我也照样差遣你们"(20：21)，命令里包括了

所有的基督徒。我们蒙召要合一,在基督这位宣教领袖里面一起合作,踊跃地传讲福音。

这就是耶稣祈祷的基督徒的合一:首先也是最重要的是对他忠心,并忠于他的教导,满心感激他所赐的永生,活出圣洁的爱,并委身于把福音传到地极的使命。正如《约翰福音》17:6—19所表明的,这合一正是耶稣所创造的那十一位忠心的门徒与他之间的合一,这合一延展到各个世代所有的信徒。生命中遇到这种合一,会使人相信耶稣基督非但不是权威人士试图摆脱的革命怪人,反而真是神所差来带领我们归向他的那一位。神爱基督徒就如他爱他的爱子基督那样,爱子在他自己里面给我们新生命(17:23)。我们注意到在经文中没有提到任何形式的教会组织,由此我们推论,只有当其表达并增进基督里的合一时,组织才与基督徒的合一相关。

基督徒合一的不同维度

我们再来看看保罗在《以弗所书》4:1—6中所说的话。

我为主被囚的劝你们:既然蒙召,行事为人就当与蒙召的恩相称。凡事谦虚、温柔、忍耐,用爱心互相宽容,用和平彼此联络,竭力保守圣灵所赐合而为一的心。身体只有一个,圣灵只有一个,正如你们蒙召,同有一个指望。一主,一信,一洗,一神,就是众人的父,超乎众人之上,贯乎众人之中,也住在众人之内。

"保守圣灵所赐合而为一的心"是保罗在这里所关注的,在本段及之后的经文里他做了两件事。首先,他在逻辑上提醒我们促成合一的事实。然后他指示如何保守这合一。我们现在就来看看这两方面。

首先,何谓圣灵所赐合而为一的心?这是既定的事实,该事实是因许多人同时与圣灵产生关系而带来的。其实,这些人不仅与圣灵有关系,而且也借着圣灵与道成肉身的圣子有关系(圣子现今是所指派的教会和世界真正的主),并且也与父自身有关系(他是永恒之圣子的永恒的父,因着基督成为收养我们的父,见罗 8:14—17;加 4:4—7;约壹3:1—2)。基督自己也把圣灵的事工当做焦点,他说:"他要荣耀我,因为他要将受于我的告诉你们。"(约 16:14)基督并他的荣耀是圣灵五旬节后的事工中心,不论是光照我们的心思让我们能够明白基督的位格、地位和救赎,还是让我们生出基督里的信心并与他复活的生命联合,或是更新我们更像基督,或是联合教会一起在基督里成长得以完全。假如圣经启示的有关基督的教义被减少或扭曲,假如个人的信仰、悔改并门徒身份被分解成随波逐流的"教会主义"(Churchianity),假如彼此爱心的服侍让位于呆板的例行公事或冲突纷争中的苦毒怨怼,假如对个人及教会整体灵性

57

增长失去兴趣，那么，圣灵所赐合而为一的心就会被彻底毁坏，基督的名也将大为受辱。

保罗在三位一体的框架里（一位圣灵、一位主、一位父）提到合一的四个具体方面，每一个都投射出基督荣耀的光芒，基督徒在基督里，且借着他合而为一。

一信。这是基础。信是我们以情感、思想和力量回应神在恩典和慈爱中对我们的自我显现。从最广义上讲，可以说信是相信并回应圣经上关于神的一切话。但在狭义上，即新约通常具体所讲的，信聚焦于两点：第一，耶稣基督自己，永活的救主本身，他曾说自己是真理，是我们都必面对的最高存在（约14：6）；第二，圣经整体，尤其是使徒书信针对耶稣所详尽表述的真理。信心的双重回应就是拥抱基督的真理并实实在在地信靠他，对他的信靠引导人与之前的生活方式决裂，让人一生跟随他，并将心中最深的盼望寄于他，这是下一个要点。然而在转向这点之前，我们要再次提醒自己，唯有借着圣灵光照我们内心并解释圣经的教导，我们才能意识到这些事实并最终相信。若没有圣灵引导我们成为基督徒，也就不会有圣灵里的合一。

一个盼望。当神借福音呼召我们借着信心和悔改来到基督脚前，这盼望就成为我们的了。保罗在另一处经文里提到"我们的盼望基督耶稣"（提前1：1）。他在说什么？回答这个问题之前我们必须首先注意到，人类是怀有盼望的

58

族类。我们都活在自己对将来的盼望当中，很少有什么能像共同的盼望那样把人联合在一起；历史上很多政治运动和革命都说明了这一点。其次我们也应注意到，基督教基于基督为我们成就的救恩，所以基督教是导向盼望的宗教，是一种盼望神应许的事将要成就的信仰。耶稣基督还要再来，他要借着身体的复活使他的子民成为完全，并要在新造的宇宙中让他们喜乐地与自己同在直到永远，这喜乐是远超这个世界所能给的。在写给腓立比教会的书信中，保罗说：

> 因我活着就是基督，我死了就有益处。……情愿离世与基督同在，因为这是好得无比的。（腓1：21、23）

> 我也将万事当作有损的，因我以认识我主基督耶稣为至宝。我为他已经丢弃万事，看作粪土，为要得着基督……使我认识基督，晓得他复活的大能……我只有一件事，就是忘记背后，努力面前的，向着标竿直跑，要得神在基督耶稣里从上面召我来得的奖赏。（腓3：8—10、13—14）

分享这盼望并活在这盼望的大能里且时常就此谈论，会在基督徒圈子里产生美妙的联合作用。如果圣灵没有亲自给我们提示，让我们预尝将来与基督同在的滋味，并将我们带入保罗的那种盼望，这种灵里更深层面的合一就不会

59

发生。

一洗。在新约里洗礼有多重意义。它确实是一个人成为基督门徒的标志，也是承诺忠心于他。它是基督宝血洗净罪恶的记号，也是信徒的罪被勾销的确据。进入水中然后出来的象征意义是老我与基督同死，同复活，并同他进入全新的生命。(这与浸入多少水无关，也与受洗者是成人或是婴孩无关。)

既然每位基督徒是分别受洗，那么保罗所说的**一洗**是什么意思？他只是肯定洗礼对每位受洗的人有相同的意义吗？他在上下文中的思路告诉我们不只是这些。以基督为中心和圣灵为中心来看，他是在提醒我们把每次的洗礼看做是耶稣伸手对受洗者的拥抱，也是"都从一位圣灵受洗，成了一个身体，饮于一位圣灵"(林前 12：13)这一真理的记号。这将会把我们带入第四个、也是保罗这里列出有关合一的最后一个具体方面。

一个身体。在描述基督的教会充满活力、被圣灵充满、受圣灵驱动的生命状态时，保罗最喜欢使用"教会是基督的身体"这一概念，这个意象在《以弗所书》里多次出现(见 1：22—23,3：6,5：23—30)。这里的要点是：就如人体功能神奇地展示了分中有合、合中有分(就是不同的身体部位在复杂又互相协作的动作中受头脑控制和指挥)，同样保罗说教会也当如此。因为教会由众多有各样能力和技能的人组

成,而基督身为教会的元首和救主感动并驱策教会,以合作 60
互补的方式建立教会。

在日常的彼此服侍中,圣灵的工作是基础,就如在信心、盼望和洗礼之中看到的那样。是他在我们里面内住,给我们恩赐去服侍,并让我们有活力地在对彼此的爱中适度地使用这些恩赐,由此产生的是次序而不是混乱,是彼此造就而不是彼此伤害和毁损。保罗在《以弗所书》第4章里对此有详细叙述,他认为我们都可以——

在真道上同归于一,认识神的儿子,得以长大成人,满有基督长成的身量……惟用爱心说诚实话,凡事长进,连于元首基督。全身都靠他联络得合式,百节各按各职,照着各体的功用彼此相助,便叫身体渐渐增长,在爱中建立自己。(弗4:13、15—16)

当会众在圣灵的引导下彼此相爱和服侍时,教会就健康强壮,就如帖撒罗尼迦教会(见帖前4:1—12,5:8—24);若不顺服圣灵引导,圣灵的恩赐就会被滥用,教会将面临长期不成熟及被毁坏的威胁,就如哥林多教会(见林前3:1—4、10—18,12—14,16:31)。将神所赐的合一与普世教会的天职记在心里,这会使我们为着基督的荣耀努力保持和展示地方教会的合一,因为基督是教会的头、教会的盼望和生命。

合一的原则

在前面所学两段经文的光照下,我们可以规划出一些基督徒合一的核心原则来指导我们接下去的思考。

1. 基督徒的合一既是当下的礼物又是将来的目标。

基督徒的合一与教会联盟或基督徒团契都不同。简单来说,合一是指基督徒与耶稣基督我们永活的主联合,活在他里面并被他管理的状态,这包括过去、现在所有的基督徒,包括《希伯来书》12:22 中那些现在与基督同在天上耶路撒冷的信徒,以及今天与我们同在地球上的信徒。既然每个基督徒都在基督里面与他合而为一,那么所有基督徒在他里面也通过他彼此合一。"基督徒"在这里的意思十分具体,就是一位重生的信徒,认识基督,有圣灵的内住,并寻求活在对三一神的荣耀的爱里。基督徒的合一是所有信主之人主动、公认的团结,他们在救主的爱中分享自己超然的生命,他们彼此相爱,不分种族、肤色、社会地位及教会宗派。由此观点来看,基督徒的合一是神圣的礼物,是天堂滋味的预尝,完全是神恩典的果实。

然而另外一种观点认为,由于公开表明信仰之人信念及行为上的不同,基督徒的合一是个尚未完全达到的目标。教会中那些与历史上的基督徒及圣经标准相距甚远的人,他们教导并带领其他人同样行,不管他们多真诚地认为自己是神学智慧和灵性成长的先锋,事实上,他们阻碍、毁损并分裂了基督徒的合一。我们不能读心,所以无法看出那些如此行的人究竟是不是真的基督徒,但我们能够、也必须说他们的行为会使我们与他们的基督徒合一产生障碍,因为事实上也的确如此。与那些"似是而非"的信徒完全合一是不可能的。

2. 基督徒合一的纽带是神启示的真理。

这一原则继续了上一点。神的心意和话语是基督徒绝对的真理标准。从创世之初到两千多年前基督和他使徒的日子,在神整个救赎工作的历史当中,他慷慨地启示自己对救赎及被救赎之生命的旨意。这些启示记载并体现于正典经卷中,这些经卷是在圣灵光照下赐予每个世代的神之所说和所做的精确记录。其启示和记录的内容是神衡量人的思想以及社会舆论对错的准绳。所有把圣经当做好心又虔诚但实际不可信的人类传统,并假定自己有权力评判圣经而不是让圣经的真理和智慧审判他的人,是在侵蚀而不是促进基督徒的合一,并且会造成巨大的混乱和灵里极大的不确定。纷争不应被鼓励,人也不应乐在其中,那些支持基督徒合一的人必须认清这论调的虚伪性及其后果,继续保持清醒,直到(求神帮助)回归正道。

62

3. 在个人生活中表达基督徒合一的要求:切实地分享基督徒的盼望及有原则的基督徒爱心的操练。

合乎圣经的基督徒合一有一个维度:它从"两个世界"

的角度看待生命,并强调将来的荣耀盼望——将来有平安、喜乐和极大的幸福,而且与基督同在天上的圣城。这城是神所应许并预备的,要在基督再来的时候显现出来。这将来的盼望是促成基督徒合一之真理的一部分,共同盼望这时刻的到来本身就是合一的纽带。新约把基督徒视为这个世界的客旅和背井离乡之人。是的,我们在此服侍神并享受数不尽的喜乐,但一直以来我们都是在穿越一片不友善的疆土,要去往另一个与主亲近的、有着超乎想象的平安和喜乐的世界,那里才是我们真正的家。今天基督教常出现的一个问题是缺少这种两个世界的视角,焦点完全在于今生,但没有什么是完美的,并且时间一到我们都要撇下这一切。当基督徒开始讨论盼望这一话题时,那些珍视合一和阻碍合一的人之间的巨大分歧便会清楚显明。此时,人们以美轮美奂的方式展望眼前世界的改变,然而与此同时对天堂喜乐的盼望却消失不见了。C. S. 路易斯曾满有智慧地指出,通常而言,那些最有属天思想的人也最善于使用世上的一切。

　　神在圣经中告知并在基督身上显明他对人类生活的理想标准。鉴于此,基督徒必须尽力彼此相爱,因为这是我们在基督里合一的表现。做不到这点会再次破坏基督徒的合一。有人认为,爱人就是给他们所要的一切,忍受他们所做的一切,这样的观点是非常糟糕、非基督教式的错误,不论其对象是孩子、配偶、朋友还是伤残人士或受虐群体。当

然,爱是给予,但是不顾神所限定的行为范围的给予,以及
那些不能鼓励并帮助人自制、情感成熟、勇敢、谦卑、忍耐、
忠诚、圣洁并更像基督的给予,并不是真正的基督徒之爱。
道德上的麻木和漠然只会抹杀而不会表达基督徒之爱。对
基督徒来说,容让任何人——更何况是同为基督徒的弟兄
姊妹——在错误的道路上独行都不是爱。对基督徒来说,
与任何人都合一绝非解决问题之道。基督徒之爱是无条件
的接纳、尊重并给予良好祝愿,但并非不考虑爱与纵容的区
别。真正的基督徒之爱总是要坚持基督徒的标准。

4. 在教会生活中操练基督徒的合一要求忍耐的功夫 64
及在各个层面主动地分享。

基督徒应当在地方教会活出基督里的合一,让所有人
都可以看到。新约对此有四个要求:

首先要**追求和平**。在被罪扭曲的世界我们有时会武断、
固执或愚蠢,有时会三者全犯;在所有社区、家庭、教会、俱
乐部或任何地方,我们需要努力才能保持友好的关系。所
以,当看到新约教会在欢庆福音带给他们生命的同时却遭
受内部关系问题带来的痛苦,我们就不会诧异。保罗一再
恳请信徒彼此切实相爱,以和平彼此联络、彼此宽容,并保
持和睦,这是在基督里彼此合一的准则(参罗 12: 9—10、
16,15: 5—6;林后 13: 11;弗 4: 1—3;腓 1: 27,2: 2,4: 2;
帖前 5: 13)。人性不变,爱里的合一是在基督里生活的基

本要求：这要求只能靠自我约束和坚定的努力才能达成。

其次要**实践团契**。一起敬拜的基督徒很容易在这一点上欠缺，因意识不到我们需要彼此积极的帮助和支持来促成灵命的健康。**团契**（希腊文为 *koinonia*，指彼此交往时的体验）是一个新约词汇，意思是借着分享彼此帮助。团契是我把神给我的也给你，在这一爱的互动中，我把关心和帮助当作礼物送给你，而你在回应中也把关心和帮助当作礼物回赠给我。如此一来，我们现在的感情纽带和得着的益处就大于我们起初拥有的。这种施与受的团契是从圣灵而来。遵循保罗在《哥林多后书》13：14 的教导，我们祈祷能够在主耶稣的恩典和神的慈爱里常常享受这种团契。借着这样的团契，我们在教会里时常彼此牧养。若固定聚会的信徒仅把教会生活视作在安乐窝中享受固定的教会活动，享受彼此间持续的和善——因为这些让他们每周都感觉良好，那么他们就会完全错失集体生活的精髓。在这种情况下，他们尽管对教会这机构有忠心，却完全没有显示出基督徒的合一——即在基督里与所有属基督之人的合一。令人伤心的是，他们会成为真正教会生活的拖累。

第三，**教会间要彼此帮助**。不同的地方教会若视彼此为连接在一起的肢体，就应时刻准备着彼此帮助，虽然如何操作要视具体需要而定。耶路撒冷的犹太基督徒有缺乏时，保罗在自己建立的外邦教会为他们募捐，并且他很看重

65

信徒们的付出,认为这是在基督里合一的表现,也是对基督的感恩(参徒 24:17;罗 15:25—28;林前 16:1—4;林后 8—9)。这种合作关系和帮助模式能彰显合一,兴旺福音并荣耀神。(这是圣公会教区体系设置的原意,虽然其并不总能成功达到这一目的。)

第四,**要开放圣餐桌**。分享主餐是主耶稣明确要求门徒在例常敬拜时所做的(林前 11:23—25)。教会的来访者若在自己教会有好名声也当被欢迎,以此表达基督徒的合一,就如保罗和同伴在回耶路撒冷的路上受到特罗亚教会欢迎参加他们的主餐(徒 20:7—12)。就如人常说的,这是主的圣餐桌,不是我们的,我们应当热情欢迎所有与我们在基督里合一的其他肢体——若他们的母会视我们为配得与他们享有圣餐团契。有些教会因着要捍卫神的真理和荣耀而"保护圣餐"(fence the table),拒绝自己宗派以外的人与其同领圣餐。我们尊重他们这种忌邪之爱,但这么做会模糊而不是清楚表达出基督里的合一。现代圣公会在这一点上做得正确,大多数福音派也做得不错。

基督教的合一与天主教的合一

改教时期,英国圣公会在普世信经(《使徒信经》《尼西亚信经》和《阿塔那修信经》)之外确立了《三十九条信纲》,作为信仰的内在规则;另外也接纳了表述严谨、合乎圣经和改教神学的《公祷书》。这些被视作英国教会在基督里与其他宪制宗教改革教会合一的保障，在之后近三百年里被各方认可。然而再往后的一百年间（十九世纪中叶到二十世纪中叶）这池水被搅浑了，因为新兴的英国圣公会高教会派（Anglo-Catholic）坚称若缺少了使徒统绪中的主教——如天主教自称所拥有的，基督里的合一就是不完全的。这个说法虽然甚嚣尘上，却从来都不是圣公会教导的标准。（圣公会突然官方停止把主教制当作神认可的领导和监督的教牧制度，当作与基督教历史的可见链接。其实将其摈弃毫无意义且会误导人。）作为福音派圣公会和圣公会高教会派忠心宣教的成果，那些新的圣公会教省已经在传统圣公会教义中成长起来。正是这教义为各处圣公会保持了宪制上的标准直到如今。这就是圣公会合一的框架。

然而在过去的半个世纪以来，尤其是在北美，北纬49度南北两侧的区域出现了一种自称为**自由派**的神学，他们不承认圣经权威，也不承认三位一体、道成肉身、赎罪、复活、掌权、基督的再来、个人在基督里的救恩，也不以与传统圣公会信仰一致的方式呼召教会过圣洁生活并传福音。自由派神学极力贬低福音的独特性，追求吸收泛神论和万有在神论之类的来生宗教：印度教、锡克教和某些形式的佛教。我们看得出来，其中包含了几乎难以察觉的对保守基督教信仰的敌意。

67

　　这种修正主义曾经(看上去现在仍然)在北美圣公会大行其道,在几十年前实质性地破坏了圣公会看似牢固的合一。可以说现在其大致上通过让未重生的世人受洗归入教会来表达自己,特别是重新界定同性结合,不再把这视作违背创造次序的被禁之事,而是当做教会应当祝福的一种圣洁的风尚。对于非修正主义者圣公会信徒来说,这是祝圣罪恶,这会重创福音,因其抹掉了必须悔改的罪(林前6:9—11),置灵魂于危险境地。当意识到正在发生的事情后,恰恰是教牧关怀而不是对同性恋的厌恶,激起了普世圣公会众多有识之士的震惊和坚定的反对态度。重新调整的步伐已经开始,并仍在继续。

　　所有这些清楚表明基督徒的合一始于圣经的权威和有关耶稣基督的真理,就如圣经对此的教导,以及与圣经呼应的教父时代的信经和改教时期的信仰宣言对此的阐述;今天这些修正主义者重新臆想神的形象和福音的内涵,只会粉碎合一;只有再次拥抱圣经教义这跨文化真理,并再次拥抱圣经行为准则这不变的权威,才能恢复合一。正因如此,我们必须在有生之年为重塑基督徒的合一祷告,并为之努力。

　　主啊,怜悯我们。

　　基督啊,怜悯我们。

　　主啊,怜悯我们。

　　阿们。

研习问题

1. 你认为教会信徒足够了解基督徒合一的重要性吗？如果答案是否定的，为什么会这样？

2. 你会怎么叙述基督徒的合一与基督教正统、与教会联合以及与基督徒团契的关系？

3. 在你的教会你可以怎样促进基督徒的合一？

4. 你可以怎样增进你的教会与最亲密的几间教会的合一？

5. 你是否同意祝福同性结合会破坏基督徒的合一？如果同意，你会怎样回应持否定意见的人？如果不同意，你会怎样回应那些同意的人？

6. 你认为对于个人践行基督徒的合一最重要的因素是什么？

第四章
认真对待悔改

　　提笔之际,有三个宣告在我脑海中翻腾。第一个是本章标题所呼吁的:认真对待悔改。第二个是五百年前点燃欧洲宗教改革之火的马丁·路德《九十五条论纲》(1517)的第一条:"当我主耶稣基督说'你们当悔改',他希望信徒们毕生致力于悔改。"第三个是不久之前一本书的书名:《教会必须先悔改》(The Church Must First Repent)。

　　这三个宣告基本表达了接下来我想要表达的内容。

悔改是基础

　　然而我当怎么讲? 当从何处开始? 问题是对悔改的教导、讲论和思考几乎已经消失了——不仅是从后基督教世俗世界中消失了,也从教会信众的生活中消失了。我们常常在教会里听到**悔改**这个词,但对其意义却不甚明了。事实上,"悔改"一词所表达的意义对我们大多数人来说都很陌生。我们很少听到有关悔改的讲道(读者可回忆一下);我们也很少彼此谈论悔改;就如维多利亚时代人们不谈性,二十世纪人们不谈死,悔改已经成了说不出口的禁忌语。我们与该词最接近的时候就是在使用那句老掉牙的谚语的时候。其实在我看来,我们对这句谚语只是一知半解——"结婚匆匆,悔恨绵绵",那里"悔恨"的意思是"希望我们不曾这么做过"(只是稍微涉及这个词在基督教语境中的意思),我们对于悔改的理解也止步于此。

思考以下事实,我们会发现上述情形是不可思议的:

呼召人悔改是传讲圣经福音的起头

我们知道施洗约翰的信息是这样开始的:"天国近了,你们应当悔改!"(太3:2)施洗约翰下监后耶稣"就传起道来,说:'天国近了,你们应当悔改!'"(太4:17)当耶稣第一次差遣十二使徒时,他们"就出去传道,叫人悔改"(可6:12)。复活当晚,耶稣向门徒显现——"于是耶稣开他们的心窍,使他们能明白圣经,又对他们说:'照经上所写的,基督必受害,第三日从死里复活,并且人要奉他的名传悔改、赦罪的道,从耶路撒冷起直传到万邦。'"(路24:45—47;注意,不是没有悔改就赦罪!)五旬节的早晨,彼得满有圣灵能

70

力的讲道让众人觉得极为扎心,以至于众人不得不打断他,问他"人当怎样行",他回答的第一个词就是"悔改"(徒2:38)。保罗如此描绘他在以弗所的事工:"对犹太人和希腊人证明当向神悔改,信靠我主耶稣基督。"(徒20:21;再次注意,没有悔改就没有信靠!)他告诉亚基帕王他只是向所有人宣讲"劝勉他们应当悔改归向神,行事与悔改的心相称"(徒26:20)。在古代文明的中心雅典,保罗告诉亚略巴古的雅典知识精英们:"神……如今却吩咐各处的人都要悔改"(徒17:30)。可见在施洗约翰、耶稣、彼得和保罗的劝诫中,悔改都是首要内容,彼得书信的末了称耶稣"不愿有一人沉沦,乃愿人人都悔改"(彼后3:9)。福音中悔改的中心地位以及我们主耶稣基督的意旨是我们必须面对的。

71

呼召人悔改是十六世纪宗教改革的起头

我们常被告知宗教改革神学(此神学塑造了圣公会的《公祷书》)的核心是重新审视信心。因此"信心"不只是相信信条,而是在此基础上信靠神应许的赦免和平安,这赦免和平安是借我们被钉又复活的主耶稣基督所赐的,他在十架上担当了我们的罪。这信靠是拥抱基督自己,我们寻求他的时候他就接纳我们,信心就成了顺服跟随主之新生命的动力。改教家说若没有信靠就没有信心;相信却不委身也不是信心。在英国,亨利八世和爱德华六世时期,这种改教神学事实上被称作信心的教义,而不是路德宗所说的称义的教义。

现在我要说的是,宗教改革神学也可以被称作对悔改的再思。之前悔改是指以合宜的痛悔之心向神父忏悔,接受他宣告的"神的宽恕"并执行任何他提出的"补赎"(纠正性的惩戒[corrective discipline])。然而宗教改革把信心和悔改放在一起,背对背,就像一枚硬币的两面,悔改意味着不断离弃罪,转而在义中服侍基督,这义是福音要求的,也是信心成就的。路德在这一点上的主张已被人们引用。《公祷书》的主要编纂人托马斯·克兰麦(Thomas Cranmer)大主教在 1549 年的声明中扩展了这一思想:"就福音(拉丁文 Evangelice)而言,对罪的悔改就是人因为得罪了神而痛悔,这种痛悔之情具有拯救(拉丁文 salutaris,"赋予健康"之意)功效;这人盼望借着基督获得赦免,并致力于在基督的帮助之下修正自己的生命"(本人从克兰麦的拉丁文句子译出,其原话收录于 Ashley Null, *Thomas Cranmer's Doctrine of Repentance* [Oxford: Oxford University Press, 2000],237, n. 100)。改教家说,若没有认真努力地改变自己,这悔改就不是真的悔改;仅仅悲哀、忏悔、捶胸痛哭、后悔也仍然不够。因此,悔改在改教神学中的中心地位是我们需要面对的另一个事实。

呼召人悔改是圣公会礼仪崇拜的起头

"圣公会礼仪崇拜"这个短语涵括很多版本的《克兰麦

公祷书》(Cranmer's Book of Common Prayer, 1549 年第一版, 1552 年第二版)及 1662 年英国经典版《公祷书》。1962 年出版的加拿大版《公祷书》其实是稍做增减调整过的 1662 年版本。所有的祈祷书都有两个目的：神的尊荣和敬拜者的成圣，就是他们在圣洁生命中的长进，其基础是因信靠基督并且悔改而罪得赦免，这是通往将来的生命之路。因此每日的晨祷礼文和晚祷礼文均以认罪开始，其结束语是："我们真心伤痛，谦卑**悔改**，求主因你的圣子耶稣基督，怜悯我们，饶恕我们，叫我们乐意遵循你的旨意，行主的圣道，归荣耀于主的圣名。"(祷文中的粗体为作者所加，下同)认罪之后是回应祷告，我们呼求神："赐给我们真正的**悔改**和他的圣灵……我们的生命今后可以成为圣洁；如此至终我们可以借着我主耶稣基督，进入他永恒的喜乐。"

在分为两部分的圣餐聚会中，圣餐前段祷文(Ante-Communion)以如下祷告开始：洁净我们的心，"使得我们可以完全爱你"，也求神的律法写在我们心里；而圣餐恰当地以邀请"那些真心**悔罪**的人"开始，带入认罪："我们真心**悔罪**，为我们做的错事感到愧疚……赦免我们的一切过犯；让我们在新生命中服侍你，讨你喜悦，使你的名得荣耀。"

接下来的宣赦祷告呼求"我们的天父，他按着他极大的恩典应许一切真心**悔改**并信靠他之人罪得赦免"。然后在连祷文(Litany)——即克兰麦礼文的第一部分——中我们

73

求神:"赐给我们真正的**悔改**,赦免我们一切的罪、过失和无知;赐给我们恩典的圣灵,按照你圣洁的话语改变我们的生命。"

《公祷书》也包括"圣灰星期三及其他日子可用的悔罪礼文",里面祷告说:"我们为罪恶忧伤**痛悔**,就可以得着慈悲神完全的饶恕与赦免。"这其实就是整个圣公会礼文不断强调的重点。

《加拿大崇拜选用仪书》里对于作为敬拜基础之悔改的强调弱化了很多,这的确让人感到遗憾,但总还是有所提及,正如我们在洗礼后所用的"悔罪复合礼文"(Reconciliation of a Penitent [Toronto, Canada: Anglican Book Centre, 1985], 166 – 172)和"圣餐悔改礼文"(Eucharistic Penitential Order, pp. 216 – 217)中所看到的。不必再举更多例子。

然而看了这么多,我们发现这一代的信徒却对悔改知之甚少,按圣公会的一贯标准来说是灵里肤浅,敬拜上也很不恰当。《公祷书》的基督教是基于圣经的基督教,而基于圣经的基督教是以悔改为基础的,就如信心是其根基一样,而今这些则极度缺乏。因此我们必须从头开始思考这个问题。也就是说要以神这位圣洁的主为起点,我们从他那里认识到罪的本性。

人的状态

前面引用的新约段落告诉我们,悔改是**向着**神做的;

《公祷书》告诉我们，必须要悔改的是我们寻求要得赦免的罪，是我们**做的错事**，不论是有意还是疏忽造成的。圣经所有内容构成的宏大叙事(现今称之为元叙事)告诉我们要这样去理解这些错事：神按自己的形象造人，要让我们在对待他及彼此时彰显他的性情：爱和公义、真诚和信实、工作中的创造力和喜乐。但是我们道德和灵性系统里出现了一股败坏的力量(其背后是狡猾之魔鬼的毁灭力量)毁了我们，所以我们现在与神疏离，成为怪物。哀哉，我们活生生成了邪恶又拙劣的赝品！圣经描述这种邪恶的力量本身及其表现出的各种形式所使用的名字是"罪"。借着救主基督我们可以被重造，即在此时此地就恢复与神的团契，借着在生活中学习和效法基督而重新与神的形象合符。广义上说悔改是头脑、意志、态度和行为上的改变，借此我们接受神对我们的怜悯之工，并从过去以自己为神并借此与神为敌的生命回转，活出新生命，这新生命就是带着谦卑和感恩之心来服侍他。悔改是全人的改变，自我为中心追求自我享乐的模式被以神为中心为他人谋福祉的习惯代替，骄傲和任性被祷告和敬拜代替。

如今，在这个新生命的框架里每个悔改的行为都是具体的。我发现在我里面有个具体的缺点、短处、过失、坏习惯或诸如此类。我祈求借基督的赎罪得到赦免，我在祷告时也求神帮我打破这种模式：从今以后不再一样，并且不

75

再犯同样的错误,同时看看我能做什么来弥补曾经的过犯所造成的关系方面或物质方面的破坏。这是我们要认真探索的悔改的实际情况,这悔改是圣经及《公祷书》奉主耶稣之名对我们的呼唤。

要把悔改的本相说得更清楚就必须更详细谈罪的问题。小心!接下来要宣布的可能令你震惊并感到不可思议。这是因为,罪的欺骗性(关于这一点下面有更多描述)导致我们对自己的了解少得可怜。在我们以治疗为取向的西方文化里,基督教观点大为失落,我们彼此比较外在的行为,并乐此不疲。我们看自己基本上没问题,并肯定自己比其他一些人好,我们真的不知道在圣洁的神眼中自己是什么样子,他鉴察人心并知道我们全部的意念。就如医院里的扫描仪把我们身体里面的状况呈现在医生的眼前,创造者的眼目扫描我们的心,显出里面的思想、动机、梦想、驱动力、渴望、幻想、仇恨、敌意和卑鄙,包括我们一知半解的和那些没人提醒我们就完全不知道的,这真让人忐忑。有一次做扫描时我头一回在屏幕上看到自己的心脏在跳动,那真让人震惊;每当有人在神的鉴察中瞥见自己翻腾着各样任性想法的内心也会同样震惊。神不会恭维我们,我们的骄傲在一开始让我们很难获知神对我们的看法。然而如果我们谦卑并且诚实,我们终会获知实情,因为我们会发现帽子没扣错,神对我们的诊断是对的。

76　　　圣经中大量出现的由希伯来语和希腊语翻译过来的

"罪"这个词表示箭不中矢，或未达标、不顺服权威或不洁净。未达到的标准、未射中的靶心、被离弃的道路、被触犯的律法、被藐视的权威以及被干犯的圣洁都是属于神的。神的性情和旨意是衡量罪的标准。

罪的道路是为自己而不是为神而活；体贴自己而不顾自己的创造主；不断尝试脱离他；将他推离自己；把生活牢牢掌控在自己手中；试图操控神以达到自己的目的，在有麻烦时把神当保护伞。罪其实是我们里面魔鬼的形象，因为骄傲导致的自以为是和对神的违抗在出现在我们里面之前是属于魔鬼的（提前3：6）。罪是转离那位要我们与他亲近并敬拜他的神，以自我为中心代替以神为中心。奥古斯丁曾说 *homo incurvatus in se*，就是"人向自己下拜"。历史上把我们这种固有的对神和神之律法的反叛称为 **原罪**（*peccatum originale*，奥古斯丁造的另一短语）。这个名称虽然没有出现在圣经里，却是一个十分恰当的词，不论它是用来表达从第一个人传给我们的性情，还是表达从我们出生那一刻起就存在于我们里面的状态，我们罪的行为都由此而出。人类在罪中的光景按照圣经的描述是具普遍性的。"世上没有不犯罪的人"（王上8：46）。"犹太人和希腊人都在罪恶之下……没有义人……没有行善的……世人都犯了罪，亏缺了神的荣耀"（罗3：9—12、23）。在神的眼中所有人都是有罪和不洁的。

我们里面罪恶的灵破坏我们与创造主的关系，也混乱社会关系；由自我膨胀不爱神导致自我膨胀不爱邻舍；漠视宗教导致残暴；罪恶增多社会受害。想想保罗所说的三种令人痛心的混乱（罗 1：26—31；加 5：19—21；提后 3：2—4），以及耶稣列出的从心里面出来能污秽人的恶（可 7：20—23）。所列出的每一项都能在今天的西方世界找到对应物。

总之，作为我们在神面前状况的标签，罪标志着反叛、污秽、定罪及奴役。**反叛**是指我们怨怼、反抗、躲避、轻看、忽视并不顺服神。**污秽**是说我们在神眼中都是不洁的——直白地说就是脏；我们令神厌恶，不可容忍，并且不配与他团契相交。**定罪**的意思是我们在神我们的审判官面前都是有罪的反叛者，只能等着承受神的愤怒。**奴役**，你可以称之为捆绑或瘾症，指的是我们都在罪的权势之下；我们里面没有原本应当有的对神和对人全然的爱，也不具备这能力。只有借着与主耶稣信与悔改的关系才能结束这种奴役，与主的这种关系能够带来赦免并更新我们的心灵。

这是洞察人类状况的框架，在此框架里可以理解个人及团体的悔改。现在我们明白悔改不单是短暂的后悔和哭泣，再加上一句道歉的话。悔改的中心是要转身离开过去的错误，完全真诚地祈求神保守我们不再犯同样的错。现在我们看到，我们一直在思考的灵性世界是罪与恩典的世界：罪败坏我们，使我们永远不能了解并享受神之爱的喜乐，除非基督来拯救我们；恩典则透过基督的死、复活和所赐的圣灵救赎我们脱离罪咎和罪的权势。现在我明确地立足于圣经对于罪和恩典的描述，从一开始我就在对此进行描述，接下来我也将一直站立在这根基上，直到本书结束。

个人的悔改：旧习与争战

"播下一种行动，收获一种习惯；播下一种习惯，收获一种品格；播下一种品格，收获一种命运。"古老的谚语讲得很明白。就如我们看到的，悔改的行动必须要在每个基督徒的生命中成为一个习惯，一个品格标志。

圣经和《公祷书》都没有对个人悔改给出正式定义。但这里有一个古老而明确的定义，来自十七世纪中叶威斯敏斯特会议（其成员百分之九十是圣公会教士）的《小要理问答》："悔改以至得永生，是神所赐的救恩，使罪人因真正觉悟自己的罪，又确知神在基督里的恩慈，就痛心懊悔，恨恶并离开自己的罪，归向神，立志竭力重新顺从。"这是第八十七问的答案，也是我们一直讲说的内容。这个定义适用于基督徒生命中每个悔改的行动，因为每个悔改的行动都"以至得永生"，每个忏悔者都知道为要得救必须离弃自己的罪。这一陈述为我们必须要讲的内容提供了一个"发射平台"。

悔改就如罪，始于心中的渴望。当我们谦卑转向神时，按照《公祷书》的标准,"**真心**的悔改和**真实**的信心"是必需的。重生的心灵是个战场,圣灵催生讨神喜悦的渴望,而残余扭曲的自我渴望取悦自己,两种渴望在此争斗不休。里面的罪欺骗我们,让我们对自己要做的恶不敏感,直到我们将之付诸行动。(参看《创世记》第 3 章人类堕落故事中的模式,并注意《罗马书》7：11;《希伯来书》3：13)保罗说要拒绝"私欲的迷惑"(弗 4：22)。罪让人失去思考的能力,用光彩的一面吸引迷惑我们把理性和良心挤到一边。(等下我们会说,"我没**想到**,我是一时**不慎**",我们多么有理啊。)剥削人、控制人、回避责任、抑制友善以及报复人的罪常反映出心灵封闭的个人状态,酒精、毒品和过劳会使这种状态更为恶化。

习惯性地屈从于罪的诱惑会蒙蔽我们,使我们的心刚硬。(生动的描述见《希伯来书》3：13;《以弗所书》4：18—19;《提摩太前书》4：2)这是一个人由于某种特定的行为或骄傲、邪恶、冷酷、残忍、仇恨、藐视、欺诈、虚伪的态度或任何其他沉溺的行为,致使良心停止发挥作用的过程。对抗良心的习惯很快就会磨灭良心,所以灵里瞎眼、心中刚硬成为生命更深层的状态。

要以思想、祷告和默想经文、与其他信徒保持联系和坦诚来与之对抗,并且一旦我们意识到自己哪里做错了,必须马上正式、坦白、完全地到神面前悔改。如此我们就在持续的战斗中建立起防御工事来抵抗罪的攻击。

自我省察的习惯会帮助我们认清现实，自我省察就是定期向神打开心门，借着圣经从他得知，在他遍查全地的眼中我们的光景如何。诗人祷告说："神啊，求你鉴察我，知道我的心思；试炼我，知道我的意念，看在我里面有什么恶行没有，引导我走永生的道路。"（诗 139: 23—24）这是给我们所有人的示范。罪有多重形式，就像变色龙，看上去好像是有益的，但其实是扭曲的。教会古语说，罪的根源处往往是没有节制的欲望，当我们自我省察时，清晰的欲望分类会对我们有所帮助。所以，对性、食物和酒的欲望，以及对舒适享乐的追求，都是会将人引入歧途的欲望。对利益、财产和财富的欲望，以及在某些领域里主导和控制的欲望，对名望声誉及最高领导权的欲望（不管是作为领导还是暗里中伤领导的批评者），这些都是我们里面会绊倒我们的欲望。我们每个人都需要照着对自己的了解，汇总列出我们当小心的软弱之处。如此，借着培养自省的习惯，恢复这项基督徒生活的操练，我们就有可能在内心与罪争战时做得更好。这是我们朝圣之旅中所需的智慧。

现在我要开始讲这些在教会群体生活中如何应用。

80

教会的情况

首先要问的问题是：我们当把精力放在基督普世教会

的哪个部分？现在地上的教会是一个非常巨大而多样的实体，包含很多不同的文化和理念。大体来讲，在二十多亿的成员中有十二亿五千万罗马天主教徒、二亿五千万东正教徒和五亿新教徒，且大多数保守福音派都或多或少有些五旬节派的特征。新教徒中六分之一属于圣公会。在英国、加拿大、美国、大洋洲和南非这些"老西部"国家，英语是通用语言，和英国文化联系也 直非常紧密，他们中自称圣公会信徒的人有半数不去教会，只在特别聚会时才会出现。因此平时主日大概有四百万"老西部人"参加集体崇拜，而在非洲、亚洲及南美洲的新兴圣公会教会参加敬拜的则有四千万人。直到不久以前，"老西部"把神学、教牧和灵修方面的领导权全部移交给了英国国教会，不过这正在发生改变。

81　　　　本书中的文章大多来自并且是关于加拿大圣公会的，加拿大圣公会人数不到一百万的三分之二，只有美国圣公会(Episcopal Church)的四分之一，是英国国教会的一个独立教省，与南边老大哥的风貌、风格和社会形态都有明显不同，就像加拿大和美国的不同。加拿大圣公会将成为接下来的关注点；然而作者和出版商都相信下面所涉及的内容不只是与加拿大圣公会有关。

　　一个世纪以前，加拿大圣公会在学术、教牧及制度上都比今天更像英国国教会。加拿大圣公会和英国国教会一样有两翼，一边是福音派(低派教会)，另一边承袭了天主教传统(高派教会)。他们视对方为对立面，灵性受到各自神学的限制,双方都认为自己比对方更有权领导教会。福音派指责英国国教高派不明白个人的归正及在圣灵大能中的生活,英国国教高派指责福音派不懂教会、圣礼以及真实委身的操练。他们各有各的神学院、社团和可以被称作权利基础的东西,都对透过主耶稣基督救赎和重生被罪毁坏的人类有清晰描述,对自己解经和神学传统的正确性及适切性信心满满。然而,居中的则是"广大"信徒,构成圣公会成员和领袖层的主体,他们忠于圣公会传统和制度,但认为这两派是狭隘古板的极端主义者(毫无疑问,他们中有些人是这样),他们更多强调教会的社会任务,比这两派更少关注个人与基督的团契。

似乎在两代人以前,他们开始认真努力地使这两翼群体保持缄默,并加强中坚主体的团结,因为他们相信这是加拿大圣公会所需要的。结果是,由于缺乏使头脑保持敏锐的辩论,圣公会信仰的边界开始模糊起来。具体来讲,他们受圣经批判的冲击而开始对圣经权威产生不确定感,在信条和教义表述上不再精确,基督里的信仰生活以及个人悔改的操练开始松散,忽视圣公会早期奉行的教士及平信徒终身教导和学习基督教真理的重要性。在罗马天主教僵硬的威权主义和联合教会强硬的自由派神学的阴影里,加拿大圣公会变得越来越温和、友善和松弛,也越来越不关注要理教导、传福音、灵命塑造和严谨的神学。这样经过了半个世纪,现在有很大一块失地需要收回。

82

上个世纪里,加拿大不再称自己为基督教国家,而是自称多元文化和多元宗教国家,国民生活远离自己的基督教准则。圣公会内部的福音派和高教会派则恢复了一些元气,现在尊彼此为兄弟和盟友。与此同时出现了一种恶毒的自由派神学,把信仰的历史事实缩减为代表个人信仰直觉的符号,把文化的改变当做神旨意的新启示,试图以此为基础建立一种神智神学,把所有宗教融会贯通。保守主义者和修正主义者之间在同性恋伦理问题上不可避免地发生冲突:教会是否应当承认并祝福同性伴侣关系,甚至是否与现行加拿大法律一致,视同性结合为合法婚姻。针对这一问题以及每种观点背后对福音的理解,整个普世圣公会及加拿大圣公会产生了分歧,而这必须要重新被塑造。用中国人委婉的话说,我们真是生活在一个有趣的时代。

83　集体悔改：异象

先知书构成四分之一的旧约和圣经总体的五分之一。在大多数印刷成册的圣经中,书信占一百页左右,福音书一百二十页,而十五卷先知书占二百五十页。这些先知书在时间上历经四个世纪,从有六十六章之巨的《以赛亚书》到只有一章的《俄巴底亚书》。先知书的篇幅本身就说明了这些书卷的重要性。我们阅读的时候会发现这些先知更像是劝教者而不是未来学家,他们常常提到整体罪恶使得整体

悔改成为必需,神借他们向以色列人重复传递的信息以一种固定的模式总结如下:

- **我是与你立约的神。** 我拣选你,使你不再为奴,赐你这地,应许保守你,使你在这地昌盛。不要忘记我向你所施的怜悯。
- **我命你常常遵守我的法度,** 因为我是你圣洁的主和审判者。("圣洁"在圣经中是一个广泛使用的词汇,表示一切让我们敬畏神的内容,尤其是他无尽的大能、完全的纯正和纯全的公义。人的圣洁是在与神团契中信实地遵守律法。)
- **我看出在你们里面对我话语的不信和不顺服,我要降灾惩罚你,洁净你;之后我定要在一位统帅之下恢复余下悔改之人,他要证明自己是大卫的再现,你若要分享将来的美好,现在就要回转归向我!**("转"和"回转"是旧约词汇,表达了新约中"悔改"一词的含义。)

在基督教语境中,新约《启示录》1—3 章与这些内容遥相呼应。这里我们的主耶稣基督——教会荣耀的元首——借约翰的信函向小亚细亚的七间教会说话。这些信函对他们的成就进行了评估,也指出了他们的失败,指出其中五间教会需要悔改的具体事项,否则就会在审判之日被毁灭;之 84

后鼓励所有教会,应许所有"得胜"之人有在永生里与主同在的福乐,"得胜"之人就是那些坚决对罪和谬误说不的人,那些拥护基督和使徒所传福音真理的人,以及那些不顾一切劝诱和压力,忠心顺服福音真理的人。

当我们读经的时候,我们不得不一再问自己,如果我们永不改变的神对那些人讲了这些话,那他现在要对我们讲什么信息呢? 如果我们拿这个问题对照《启示录》1—3 章,这些内容又会将我们带往何处? 就目前加拿大圣公会的现状来说(普世教会也一样),一个无法回避的推论似乎就是我们的主此刻正大声向我们呼喊"你要悔改!"在我们纵览的这几页内容的光照中,我们可以使这点更具体充实。我们的主似乎在向圣公会教会(你可以在这里放自己教会的名字)以及所有我们这些成员说:

"你当转向**我**,我是昔在、今在、以后永在的神。从福音书和《歌罗西书》《以弗所书》以及《希伯来书》这样的书信里,更新对我的认识;以《启示录》1—3 章为起点,更新你对我话语的领悟力和敏感度。你似乎听不到我的声音;近前来,仔细听,回到我至高的主权之下。请教我那渗入教会的高傲和愚蠢可以造成什么样的毁坏。跟随我,因我要带你转离。

"你当转向**真理**,就是我所说的及圣经里的教导。这真理是给所有人的,借着这真理你将看清现实,我也向你们显明自己。认为没有普遍真理的想法是后现代的幻觉,可能很好听，但却混乱不堪、完全错误。福音的核心真理是：我是巴勒斯坦地的人，被钉在十字架上为要拯救罪人，曾冒犯很多人，现在也仍然如此，但这是每个人都需要明白的有关生命的真理。首先在心思意念上悔改吧，为了不加批判地接受流行的愚蠢学说而悔改，承认你从周围异教世界感染的思想上的罪，离弃它；跟随我进入对神的绝对真理更新后的忠诚。

"最后，回转过**圣洁生活**。圣洁是被分别出来献给神，总是寻求做正确的事，避免犯罪。所以你当刚强，不要怠惰、冷淡、漠然、摇摆、不热心、三心二意、懦弱地附和世界。你要转离世界松弛的标准，比如一切形式不负责任的性放纵和乱交。并且把你的眼目从形形色色的色情刊物和暗中刺激性欲的东西上挪开，这些将导向最终的放纵。你要让你的心转离一切形式的不忠，不要逃避个人关系及生意往来中一切正当的责任，并要躲避一切贬低生命的行为。不要再为目前的状况自鸣得意。你要谦卑自省，让圣灵借圣经并团契里的基督徒告诉你哪里做错了，哪里有不足。学着像我一样爱罪人，试着帮助他们远离罪行，我恨恶罪，你也当如此。留心观察我在福音书里的作为，总要在认识我、爱我、尊崇我和效法我的事上追求长进，如此就能在你所行的事上讨我父的喜悦。让那些搅乱你生活的事走开；不要纠缠琐碎的事，思考大事，并为之祷告，即使环境迫使你只能从小事做起。要与所有信徒合一,尽力向身边所有的人行善。要热心扩展我的国度,服务众圣徒,做陌生人的好撒玛利亚人,努力把福音传向各处。在我复活的生命中与我同行,让我分担你每日的担子,每一步都寻求我的帮助,我要与你一路相伴。你要跟随我,保持清洁的良心,我要在你里面显出多而又多的力量和恩典。"

那么,我们现在会把悔改当儿戏吗? 想想看,若把悔改当儿戏,我们和我们的教会将会怎样? 若认真对待悔改,又会如何?

研习问题

1. 你怎么定义悔改？

2. 你怎么理解神的圣洁？

3. 你认为《公祷书》里有没有过多强调悔改？

4. G. K. 切斯特顿认为原罪是一个在任何地方都可借简单直接的检验被证实和建立的基督教教义，这一说法正确吗？

5. 论及圣经对罪的观点会引出哪些问题？你会怎么处理？

6. 如果你认为加拿大圣公会——或你自己的教会——需要悔改，你能为此做什么？

第五章
认真对待教会

全能的神，求你施恩眷顾你自己的家，我们的主耶稣基督当日曾为这家甘心被卖、被交在罪人手中，受死于十字架上；圣子和圣父、圣灵，一同永生，一同掌权，唯一神，永无穷尽。阿们。

——救主受难日礼文，《公祷书》，1962 年，加拿大

恩典与教会

认真对待教会的第一步必须是要意识到：通常**教会**这个词什么时候会进入我们的脑海或是会被我们提说。但我们平日恰恰不是这么做的。

我们会用"教会"这个词指代一个建筑（如：圣约翰教堂）或一个教派（如：圣公会），或指代一个让我们在疲惫时可以找到稳妥支持的一群做善工的宗教人士（即，我们自己

的教会会众),我们主日清晨说要去教会,到午饭时间我们说去过教会了。当我们如此提及教会时,我们与这个词在新约中的意义还相距甚远。然而这意义正是我们要寻求的,再没有比到保罗的《以弗所书》里寻找这个词的意义更好的办法了。从某个角度来说,教会正是《以弗所书》强调的主题。

人们说最好的学习方法是去教导别人,这正是我的体会。在我还没正式开始学习神学之前,经历了一系列奇特的境遇之后,我开始教一些即将接受按立的神职人员《以弗所书》的希腊文释经课,帮助他们预备按立之前必须通过的一个考试。很高兴他们都过关了,并且由于这段经历,我今天教《以弗所书》时可以信手拈来。

《以弗所书》是一本充满能力的书,你自己只要不间断地通读十遍就可以证明这一点。(这是个挑战?没错。)两个主题把两部分(第一部分即1—3章讲教义、颂赞和祷告,第二部分即4—6章讲实践、信实和顺服)结合在一起,这两个主题就是神的**恩典**和神的**教会**,前者是后者的框架与支持,后者把前者放到一个更大的范围中来展示。我们接下来马上跟随保罗定睛于恩典,你将会看到这是理解教会最直接的方法。

什么是**恩典**?这个词(希腊文 *charis*)是基督教术语。基督教之前这个词的意思是优雅、高雅及有魅力,不具特别重要性。但是在保罗的书信及他的受信人通常使用的词汇里(不然他们不能明白),*charis* 成了**神在爱中拯救罪人**这种态度和作为的标签。在基督教出现之前,世界对此一无所知。因为增加了新的意义,*charis* 成了一个新词。

就如保罗在《以弗所书》里详细说明的:

在神眼中,人类背离了他,处处冒犯他,无视他的指示,按自己的喜好行事。根深蒂固的自我中心是原罪的本质,无人能免。我们无法积极地回应任何圣言,不论是律法还是福音,人实在是活在魔鬼的掌控之下,对神来说我们此时此刻灵性上是死的(弗2:1,5)。

但我们中的一些人,像保罗和他的受信人(包括犹太人和非犹太人),在神的面前是活的! 神因着他的恩典在爱里拣选我们与他永远同在,成为他的儿女和后嗣;并差派自己的圣子来到世上为我们的罪受死,保全我们可以得到新的身份——与他永远和好、被饶恕和接纳;他使我们与子复活的生命联合并借此赐给我们生命;并使我们在基督里彼此连结(见弗1—2)。

89

这是成为基督徒的内在真实景况。我们被引导来认识天父、圣子和圣灵的爱;并意识到圣子耶稣基督在他的代赎之死及复活的大能里与我们同在;信靠他和他为赦免我们的罪行付上的牺牲;从今以后在不断悔改的降服中拥抱他做我们生命的救主和主宰;将我们的会友当做基督里的弟兄姐妹那样去爱和服侍。

当我们成为基督徒时，我们就不再孤单，也不应容让自己自认为孤单。我们是逐一地各自被救赎，但不是为了让我们成为孤立并且仍旧自我中心的人。没有谁是神沙滩上绝无仅有的小石子！相反，我们被带入一种新的团结：首先是成为天父家里收养的儿女，然后，借着圣灵与复活的基督联合，成为神新的创造中的肢体。这新的创造就是**教会**。

神对教会的计划

现在我们来观察保罗在《以弗所书》中如何介绍教会。保罗先是宣告，神出于恩典——"因他爱我们的大爱"（弗2：4）——已经在此时此地赐给我们属灵生命，并且神凭其主权使我们与复活的主连结，以此确保我们将来荣耀的地位。然后，保罗具体阐明教会是什么。他写道："你们得救是本乎恩，也因着信……乃是神所赐的……我们原是他的**工作**，在基督耶稣里造成的，为要叫我们行善。"（2：8—10）"工作"（有时过度翻译为"杰作"，比保罗所要表达的意思多了一些，同时又嫌不足）有两个意思。第一个意思是**构建**意义上的创造，就如艺术家创作一首诗、一幅画或一首乐曲。第二个意思是**连结**，是人们永远彼此休戚相关。"工作"是一个单数名词，指出了神为我们每个人所做的工作，使我们因与耶稣基督相连而进入一个整体。

90

下面是三个比喻,每一个都代表神工作的一个方面。它们分别是**建筑**、**身体**和**新妇**。我们需要分开来看它们代表的意义。

建筑。在众使徒和先知的根基上,有主耶稣做房角石,外邦人和犹太人信徒一起被建立,就如许多砖块或石头被堆砌在一起,成为"主的圣殿⋯⋯成为神藉着圣灵**居住的所在**"(2:20—22)。旧约时期神在圣殿里显明自己,并教导百姓,百姓也借以亲近他(参《诗篇》),所以教会也是一样。这是所有基督徒都应面对并从心里庆祝的事实。

身体。人的头(意思是颅骨内大脑携带的思想)激活、控制、指引并协调身体各个部分的动作,因此教会(基督为头,教会是身体)在信心和爱里面通过各部分协调运作建立自己。这就是说,当信徒追求像基督的时候,当圣灵激发信徒因着爱神、爱邻舍和爱基督身体的缘故而合作服侍时,教会就越来越在"真道上同归于一,认识神的儿子⋯⋯**满有基督**长成的身量"(4:1—16,特别是4:13)。这是指神所管理的整个身体的协作,及在身体的合一之内不同的事工,并借身体的连结在神的真理和智慧上不断增长的洞察力。这应该是所有基督徒的目标。

新妇。就如一些人会帮助新娘预备婚礼,基督这位教会的新郎会预备他所爱的教会接受他为她预备的荣耀,"可以献给自己,作个**荣耀的**教会,毫无玷污、皱纹等类的病,乃

91

是**圣洁没有瑕疵的**"（5：25—27）。所有基督徒的成圣过程——不论是对个人还是对教会整体来说，要经历各样不同的事件、环境和冲突——正是教会目前的经历。追求整体与耶稣有完美的团契是教会持久的盼望。对耶稣不变之爱的确信是教会不变的后盾。这是仰望和展望，基督徒都当珍惜保全。

《尼西亚信经》对教会的描述，每个基督徒都当按神的圣言认识并加以承认。信经使用四个形容词来描述教会：**独一的、圣洁的、大公的和使徒的。**

独一的指教会是在主耶稣基督里面，并借他而立且受他管理的独一的全球性整体；在这整体里面，个人和族群间的社会、种族、信念和文化上的不同都被超越了，就如保罗在《加拉太书》3：26—28 所说的。

圣洁的则指向教会对敬拜、顺服及服侍神的奉献和委身。圣洁是所有信徒里面神子基督永活形象的核心层面。

92

大公的不是指着罗马天主教而言，而仅指普世性。这词提醒说教会是在世界里存在，也是为了这世界的益处，即对这世界有宣教的使命；因此这个词就如一个路障阻挡一切形式的宗派主义及社会的、种族的排他性，或任何非全球性的观点。近年来"大公"一词越来越多地被按其本质理解为坚持信仰的纯全和使命的完满。这也是此词的本意。

使徒的则是坚称教会信仰和目的的可靠性。一方面它声明教会坚守使徒教导的教义，并声称以其他信念为基础的团体都不属于基督的教会,不论他们如何自称(比如:神体一位论教会,或摩门教,其标榜自己为耶稣基督末世圣徒教会)。另一方面它宣告教会不变的目标是按照复活之主给使徒的大使命,去使万民做主的门徒(太28:19—20)。

这就是神心意中的教会,也是新约里的教会。这是神向一切天上权势展示他那令人难以置信的智慧和良善的计划之中心(参弗3:8—11),当我们默想自己蒙神祝福而被创造、保守和拯救时,当我们追求荣耀神时(就是按他所当得的尊崇、赞美、感谢他时),这也应成为我们关注的焦点。需要说明的是:以基督为中心的呼召要求以教会为中心的思维习惯与之相配,那些不明白这一点的基督徒在这方面是不够格的。

教会和众教会

前面所讲述的让我们意识到,一提教会我们首先想到的是地方教会的聚会、处境和经历,而保罗的着眼点则是神对普世教会的伟大计划,当时人数可能是四位数,今天则是十位数以上(事实上有二十亿人),这还不算已经进入荣耀的圣徒。保罗怎样把他所知、所服侍的各个小堂会(有些是他建立的)和他所笃信的这伟大现实联系在一起呢?答案在他的书信中有交代。他在《罗马书》12章明确"对你们各人"说,"正如我们一个身了上有好些肢体"(指身体的各个

93

部分），"肢体也不都是一样的用处。我们这许多人，在基督里成为一身，互相联络作肢体，也是如此。按我们所得的恩赐，各有不同……"（罗 12：3—6）其中一系列事奉的能力——讲道、服侍及生活的方式——以随意的方式罗列出来，却都与罗马教会的内在健康相关。在给哥林多教会的书信里，保罗说："就如身子是一个，却有许多肢体；而且肢体虽多，仍是一个身子。基督也是这样……你们就是基督的身子，并且各自作肢体。"（林前 12：12、27）保罗在这里对地方教会使用了他在《以弗所书》4：11—16 里为了讨论作为独一全球性整体的教会生活而发展出来的神学，其意义非常重大。

这里的意思是：对保罗而言，地方教会被呼召成为一个普世教会的微模型，是大实体的外显、缩影、样品和范例。教会必须要在意识和行为上与之相符。每个地方教会必须看自己是这独一全球团契的子集，一个给世人观看的小型样本。首要的是每个这样的集合都能与自己的身份相配，归荣耀给神。

从人的角度来说，地方教会是一群定期聚集见面的信徒，在一起做一切新约指示教会做的事情：一起赞美和祷告；传讲神的话语并施行圣礼；彼此实践教牧关怀和惩戒；帮补有需要的人；向邻居和其他人传福音。全员服侍也是理想的一方面，神所给的一切恩赐在其中得到使用。同时，每个教会要有一个或多个仆人式领袖，担任讲道、教导和父

94

亲式的监督，并且忠心做工，向会众和神负责，这对于新约模式也是非常基础的。这种领导和合作的牧养事工对教会整体的健康和稳固来说必不可少。

我们所讲的这些一同构建出参照标准，并直接将我们的关注点导向今天的圣公会。请允许我陈明：我盼望非圣公会信徒不要跳过下面几页，我知道有些地方反圣公会的情绪高涨。今天圣公会的问题也会出现在其他教会，我相信所有福音派教会都会借着思考这些圣公会所面对的问题，得着与敬虔和教会生活有关的智慧和帮助。

圣公会

什么是圣公会？总的说来，它是一种形成于十六世纪英国的教会形态，是西欧宗教改革所结的果子之一。当时圣公会的两大支柱是对圣经权威的服从，信纲第二十条称其为"写下来神的话语"；以及对 1563 年《三十九条信纲》的接受，它们强调了唯独因信且唯独借基督称义和唯独靠恩典得救。英国国教会一直是上万地方教区（parishes）的联盟，一些教区组成主教辖区（dioceses）。英国国教会分为两个教省，以坎特伯雷大主教为总主教。圣公会由国家法律立为国教，这是很独特的。

威尔士、苏格兰和爱尔兰是不同的教省，每个都小于英格兰教省。相比之下，从面积上讲美国是一个很大的教省，

95

加拿大也是。宣教士热诚的服侍已经帮助圣公会在世界各地建立起独立的教省。圣公会联会是所有这些教省的联合,大概有一千位主教和八千万会众。使圣公会联会与其他新教家族区分开的,首先是其敬拜模式,该模式根植于或至少发展自 1549、1552 和 1662 年改进版《公祷书》,其次是其保留了主教作为教区之首。由于其丰富的独特历史遗产和各界的良好意愿,圣公会一直以来得以保持合一。鉴于当下其内部的分裂,圣公会如何或以哪种形式保持合一就只能靠猜测了。

圣公会长久以来都有很多不同的类型,在很多事上都有分歧,但在过去他们都显示出强烈的基督教特征和历史特征,相互尊重,并显示出对外表达在基督里所赐的教会合一的需要。这种思维模式使圣公会几世纪以来成为促进普世合一的先锋。直到如今,圣公会都在寻找共识,彼此等待,在负责任的圣公会议题上不做会使任何人边缘化或剥夺任何人权利的事。只是目前在这一点上的变化会威胁到圣公会联会的合一。一种拒斥别人意见的态度出现在一些地区,并且看上去离结束还早得很。

什么是**主教**? 主教是被任命管理教区的神职领袖。关于主教的来龙去脉常被搞得晦涩难懂,因此我会尽量用简单词汇来叙述。

96　　　新约里受任为地方教会领袖的人被称作长老(就如犹

太会堂里的长老)和主教(希腊文 *episkopoi*，一个表示功能的词，表示监督他人者)。

然而公元二世纪初期，在大多数教会里，主教这个头衔专指领袖群体的领袖。虽然我们不知道事实上这是如何发生的，但这确实是自然发展出来的，因为没有领袖的团体容易放任自流，出现领袖(也可以说是队长)也是有道理的。

到了四世纪初，使基督教成为最受欢迎的宗教是君士坦丁政策的一部分。君士坦丁把帝国分为行政区，并称之为教区，让主教管理，就如执政官管理罗马行省。每个教区主要城市的主教成了该地区的管理者，他作为最高纪律执行官监管辖区内所有神职人员和会众。为了排除持异端思想的主教(这也是四世纪常有的)，法律规定每位主教在其教区内的管辖权是独一无二的。因为惯例的权威，如今在有主教的地方仍然是这样规定，一些人认为这是不可改变的，就如玛代人和波斯人的法律。当然，惯例常让人有种可以持久的错觉。但我们很快就会看到，改变是不可避免的。

中世纪发展出了一种信念，认为主教是使徒权柄的携带者和传递者，该权柄从耶稣自己而来，若非如此，神父的按立和神父施行的圣礼都是无效的，主教就是神使用的赐恩管道。罗马天主教仍保持这种使徒统绪的观念，一些圣公会教会也这样，但这并不是圣公会的自我定义，约翰·卫斯理曾经说它是"一个不曾有人、也不会有人能证明的传说"。

97　　在中世纪，教区主教深入参与到民事和教会事务中，当英国 1549 年的新版《公祷书》明确定义并强调了主教的属灵职责后，主教参政的现象并没有停止。时至今日，英国主教仍是由首相以君王的名义任命，在这一点上和效忠王室的众臣是一样的。宗教改革之后英国主教团的历史显示出其身份在政治义务（比如列席上院的会议）、担任教牧领袖（作为讲道者、教师、按牧者、确认者、圣品指导者以及牧区纷争仲裁者）和教会管理者（负责遴选、按立、差遣、核准并惩戒神职人员，还有组织、策划、募款等等）之间不断地转换。在各种各样的活动中，每个主教都有自己的优先次序。这也是英国以外教区的制度模式，只是这些教区不像英国的教区那样关涉政治。必然地，主教职位伴随着很大程度的自行决定权，否则它怎么能做到？所以在人们心目中权力成为主教一职不可或缺的部分，有时包括主教自己也这么认为。

　　可这合乎圣经吗？如果你指的是圣经里有没有授权统治或有没有具体实例，答案是否定的，虽然其起源和其在使徒及他们帮手的事工中的反映很清晰，就如我们在教牧书信里看到的那样。但如果你问的是其有没有表达新约圣经中与地方教会生活相关的原则和优先次序，能否满足新约的要求——就是使教会中的每件事都可以起到教导的作用，那么答案显然是肯定的，偶尔出现的不良主教并不能改变这个答案。尽管事实并非一贯如此，主教制的理想是要体现众教会的联系，这是在基督里赋予我们的合一所要求的，并且主教制能为教区提供统一的领导，就如主教院应为教省做的，以及大主教会议应为圣公会联盟整体做的一样。若全无懈怠，圣公会的主教职分无疑将耗尽其任职人员的精力，但他们所带领的人将有丰富的收获，所以他们的教区有充分的理由为这些主教们感谢神。

98

但是——这是个大大的"但是"——如果圣公会教区想要持续稳定地供应这样的主教，必须满足两个条件。主教必须是精挑细选的，并受其所领导之人的监督；这里我特别想到的是平信徒。很多地方的很多教区苦于没有尽责又有眼光的主教制选举以及固定又可行的主教问责制。对于前者，选举人常把忠于教义当做小事，允许其他因素左右他们的决定。而对于后者，问责制无一例外地存在于健康的基督教关系中，它的缺失造成的影响通常都很负面，所以豁免主教的责任对于任何人都不是件好事。那么这里的问题是什么？恐怕是会众普遍的无动于衷，这使得主教们一旦在位就任意而为，没有人挑战其权威。这就是说实际上全球圣公会主教制在这一点上是有待发展的机制，除非有改变，不然圣公会会众很难幸免其害。

属世的病毒

新约教导我们把这个世界看做明目张胆地不信神并以

各种隐晦方式抵挡神的人群,他们处在魔鬼掌控之下;属世就是与世界的方式一致。历史上圣公会在各地经常参与国家事务,因此非常容易被世俗沾染,世俗的影响力就如人血液里和电脑里的病毒。对此广义上很好的一个例子是被我称作老西部圣公会(就是英国、北美和大洋洲的圣公会教区和教省)的领袖们目前的倾向,他们视在某些条件下的同性结合为圣洁的一种形式,与通常的婚姻同等,并且是神所喜悦的。当然,这反映了上述国家世俗社会对同性恋行为的认可态度向教会界的蔓延。我们称这种观点为**自由派**(其实持这种观点的人自己也使用这一术语);与之相反的观点是**保守派**,他们把圣经对同性恋行为的谴责当做神启示的真理,这一真理是永远不变的,并且是做耶稣基督忠心门徒必须坚持的一个要素。

这截然的分道扬镳背后有两个因素,两者都有约半个世纪的历史。第一个因素简单来说是基督教使命的重构,即给全世界做出爱与公义的典范,对此,世俗世界马上就承认并加以支持,因为这些与他们的最高理想相符。第二个因素是在所有英语国家同性恋行为的合法化,以致同性恋身份、价值和目的现在可以不受约束或禁止地招摇过市,并且世界紧逼教会认可同性恋关系。圣公会联盟前不久还在1998年的兰贝斯大会上全体一致地坚持保守姿态,而今却在这个问题以及回应对手所持有关圣经权威的不同观点上起了冲突。教省之间及教区内的关系受到损坏,对重叠管辖范围的重新改组已经开始,建立新北美教省的安排正在进行中。这一现象让人痛心,世俗的病毒是一个直接诱因。

那些一心想要带领整个圣公会走自由派路线的人曾经说过,这些不同的观点,不论多么令人苦恼,都不应被看做是教会的分裂,不能因此就退出、整治、限制或重构当今圣公会的整个大团契。受限于篇幅,我在此不能讨论这个议题,但是我必须指出,**任何教会**群体若乍看之下以**任何**形式**故意**、公开地认可同性恋行为,就是破坏了自己所宣信的教会的(1)**圣洁性**,就是圣经要求的圣洁,至少在性方面;(2)**大公性**,因为认可同性性行为是少数人的观点,罗马天主教、东正教和绝大多数的新教都把这当做是邪恶的;(3)**使徒性**,因为保罗特别排斥一切形式的同性恋,因其与神的国不相配。任何认可同性恋行为的教会也使得自己是**独一**教会一部分的宣告成为空谈,因为该教会自己破坏了神所赐的基督教的合一。

100

分裂

"允许同性恋生活方式本身不会造成分裂"这种说法是荒谬的,它将带领我们进入分裂这一主题,现在我们将对此予以关注。

分裂一词来自希腊文,意思是"分隔"或"裂缝"。在教会很长一段历史中，它作为一个很重的谴责词，用来称呼地上那些无显著原因的、不必要的、莫须有的和不合理的分裂教会的行为。就如我们说过的，借着与基督联合成就的基督里的合一是神赐予所有信徒的礼物，也是教会有义务在一切可行的方式上呈现给世人的事实。分裂是不负责任地瓦解普世基督教会的合一，破坏共有信念和一致的爱，这信念和爱原应在彼此完全的团契里把所有信徒连结在一起。不论分裂的是单个教会、教会宗派、教区、教省、圣公会或其他宗派，这一诊断都适用。那些被指控进行分裂的通常都会宣称是原来群体对基督和圣经的不忠促使他们这么做的，借此让分裂行为合理化，他们认为，唯有分离出去，才能保全自己对基督的忠诚，并与该群体的属灵背叛划清界限。对分裂的指责通常是双方的，一方指责另一方的分离导致分裂，另一方则抗议说基督教真理的消损引致他们确信必须离开。有言说真正的分裂者不一定是离开的一方，而是导致人离开的一方，当然还有一种愤世嫉俗的策略也由来以久——先将你抹黑，再"合理地"惩罚你。

下面是两个有关分裂的历史事件：

1. 在四世纪，多纳徒派退出了大公教会，他们认为仍然接纳在逼迫中放弃了信仰的领袖的罪行是不可弥补的，看上去似乎他们在重申自己的信仰。奥古斯丁在回应多纳徒派时反驳说他们是在灵性上自寻死路，因为没有操练饶恕的爱。他的观点最终被采纳，多纳徒派重归大公教会。

这里谈的不是教义，而是教会纪律。

2. 十六世纪教廷指责改教家和他们的跟随者闹分裂，因为他们离弃了罗马的管辖，对方的回应是罗马基督教是畸形的，其关于救恩的错误根深蒂固，罗马已经不再是教会，为了使各个国家的教会信仰和生活重新恢复正常，退出是必要的。而今，分裂的言词极少被双方提及；罗马天主教领袖和新教中的自然环境保护主义者像分开的弟兄一样彼此致敬，并在各种神学项目上合作追求一致。但是要记得，他们在信仰和行为上的差异仍然很大，不允许任何形式的重新联合，至少按圣经标准来看是这样。自宗教改革以来，二者关于教会无误和权威的分歧以及关于救恩之道的分歧仍然让我们彼此分离。

近来人们造了一个新词"**内部分裂**"（internal schism），来形容同一教会框架里没有实质分开却势不两立的群体在某方面限制教会联合的状况。一个例子是新威斯敏斯特教区 2002 年宗教大会上大约一百人所做的——在主教偏向与会大部分人的要求开始祝福同性结合的时候，他们宣布退出与该主教及该宗派的联盟，直到这个决定被撤回，并且离开会场表示自己的决心。之后，他们代表的教会停止了自己教区分摊的义务，因为他们的良心不允许他们助长罪恶，同时他们寻求与教区就此问题直接对话（很不幸该请求没有如愿）。对这一相同问题的抗议引发的内部分裂也出

102

现在北美其他各地。

定位

　　不管是否情愿,加拿大圣公会的信徒都要面对在这样的情境里面怎样自我定位的问题,一个持正统信仰的新的教省已经建立起来,与加拿大圣公会(ACC)及美国圣公会(TEC)地域重叠。北美圣公会(ACNA)第一批成员是十万"难民"(如果可以如此称呼他们的话),他们原属的教区或教省接受了如下观点:出自善意的同性结合与婚姻同等,是圣洁的,应当被祝福;并且拒绝了他们对此审慎的反对,最终将他们排挤出去。加拿大和美国两个教省均公开指责新教省的出现,其理由是:这种主教管辖权的重叠有悖于历史。他们完全不理会对方的主张——当整个教区在主教的带领下出走时,替代管辖权是必然的。所以,虽然新的做法已经为 GAFCON 的大主教群体(指出席 2008 年 6 月在耶路撒冷举办的全球圣公会未来会议[Global Anglican Future Conference]的人)所接受,坎特伯雷大主教也拒绝声明与那些重新结盟者脱离关系,加拿大和美国教省仍然拒绝在思想或言语中认同已经发生的事情。在这种情况下,一切忠心的圣公会信徒们必须问自己:为了福音的广传,为了教会将来的益处,为了圣父、圣子和圣灵的荣耀,我现在应当做什么?

这个问题包含四个核心考量。

1. 三个原因说明这(对同性伴侣关系的不同评价)是个大问题。(1)这是个实际问题,而不只是理论问题。之前圣公会内部的教义分歧都只是观念上的分歧,几乎不涉及行为,除了在动机层面,但是这个争论的中心在于为圣经中白纸黑字说明是罪(利 18:22,20:13;罗 1:26—27;林前6:9—11;提前 1:8—10)的行为正名,并将其当做美德来庆祝。(2)这直接牵涉到救恩,我们发现保罗警告他的读者同性恋行为阻断通向神国之路,紧接着又喜乐地庆祝圣灵使哥林多信徒可以打破他们的同性恋惯行——要知道同性恋行为当时在哥林多风俗里是被鼓励的(参林前 6:11)。(3)性是人很重要的一面(今天没有人怀疑这一点),在个人欢愉和彼此连结之上,神设立性的目的从古至今一直是要延续人类的繁衍(创 1:28)。忘记生殖目的而放纵性欲,这无疑是藐视性之神圣目的。

2. 如果圣经的见证是值得信赖的(当然!),神人二性的主耶稣基督爱教会,石破天惊地将自己投入到拯救教会的计划中,让她做自己的新妇,并带领她进入完全的圣洁,就如他在地上展示的那样。如果圣经可以进一步被人相信,保罗和其他使徒与基督同心,故此当他们教导时,其实是基督透过他们在教导,他们所教导的正是他的心意。如果是这样的话,那些要祝圣同性结合的人是与基督相违的。

104

3. 对其他信徒的教牧关怀是每个基督徒的事。当然神职人员应该去带领,他们明确受命要教导、看护、培育并装备会众,使他们有序并让他们作工。但服侍、帮助、看守和关怀他人并不单是神职人员的工作,而是普世基督徒的义务。那么我们所有人必须清楚教会中的教牧关怀,特别是对有同性吸引经历者的教牧关怀有哪些。我们应当认可并支持他们与伴侣在肉体上的结合吗? 这是于他们有益之**圣爱**的表达方式吗? 还是这**圣爱**要求我们与他们建立友谊并在这种关系里面寻求坚固他们,使其不屈服于他们强烈的欲望,借此肯定并支持他们? 这两种策略非此即彼,没有中间道路。神职人员和普通信徒都必须在神面前立定心志。我们如果相信圣经里的见证,就不难做到。

4. 要建立新的合乎圣经的教省(北美圣公会)就要面对一个问题,除了上面提到的教会难民之外,谁以及什么时候应当加入其中? 当然它产生自一波巨大的热情浪潮,也会带有对将来极大的盼望,而加拿大圣公会和美国圣公会目前只生出了极大的恐惧。不过任何从加拿大圣公会和美国圣公会主动招募信徒的行为(也就是偷羊的行为)都会促成分裂,这是不应发生的。这些教省中这种让人无法接受且看上去无法改变的教义和道德上的问题促使基督徒有自由去寻找更加适意的灵性家园,在那里,神心意中合一教会的实况得以更好展现。但是不幸的是,现有这样或那样的

105

事工义务可能会要求各人暂时原地不动。无论如何,改变
教会——在这个例子里也要改变管辖范围——这样的决定
都不应该是草率的或不经商议和祷告的,恐怕人的热情凌
驾于他的辨别力和判断力。这山望着那山高,常言说,若有
人发现一个完美的教会,那就不要加入,免得破坏这份完
美。保险的做法是快快地祷告但慢慢地行动;我们不应忽
视一个事实,就如我想象中我的读者已经在祷告祈求的,圣
灵的更新和复兴能以一种非凡的方式挪开障碍。最重要的
是我们都应寻求神的带领,以便知道应当怎样对待新来的
人,同时设法向各方展示友善和圣爱,然后遵守约翰·卫斯
理为卫理公会设立的规定:如果你必须离开,请安静地
出去。

求神以他的智慧和怜悯指引我们。

全能、永生的神,你以圣灵管理主全体忠实的子民并使
他们分别为圣。现在我们在你面前恳切祈求,接纳我们为
圣教会所有肢体的祷告,求主使他们在自己的使命和工作
上各尽本分,诚实、虔敬地侍奉主;这都是靠着我们的主和
救主耶稣基督。

——救主受难日礼文,《公祷书》,1962 年,加拿大

研习问题

1. 你会怎么说明在神的救赎旨意中教会的中心位置？

2. 神在地方教会中让你参与什么事工？

3. 地方教会当如何彼此相待？

4. 你认为圣公会传统中的主要元素是什么？你认为其价值有哪些？

5. 你会怎样面对"在已经有圣公会存在的地方建立新的圣公会教省是分裂行为"这一批评？

6. 地方福音派教会当以什么为先？

7. 我们应当怎样关怀教会里其他参与敬拜的人？

第六章
认真对待圣灵

五旬节

"这是个非常重要的日子，"电台音乐节目主持人正叽叽喳喳地谈论将临的 2008 年 5 月 11 日，"那天是母亲节！"好吧，那天的确是母亲节，谁会去否认这么重要的一个节日呢？但它也是五旬节主日，其重要性却完全未被提及。五旬节难道不重要吗？按照在五旬节那天许多教会和基督徒的行为来看，不太重要。但他们如此轻视五旬节，好像这一天与其他主日没什么分别，这合适吗？我认为不合适，我要告诉你为什么。

五旬节，或称圣灵降临节（以前的称呼），可以追溯到那个重要的早晨，当耶稣的门徒聚集祷告时，他们听到大风的声音，看到火焰降下落到各人的头上，发现他们开口讲话，所讲的是他们从未学过的语言。跑到外面街上,他们看到一些从远方来耶路撒冷的人在看热闹,这些人听到门徒们在用自己家乡的话宣讲耶稣的受死、复活和掌权。门徒们聚集在彼得周围,彼得带着自己从未展示过也从不知晓的权柄和清晰的言语,高声宣讲耶稣的福音(可能是希腊语——罗马世界和国际犹太人社群的通用语)。他们看见就觉惊奇,大约三千人接受了彼得的信息,宣告悔改,排队受洗,并加入耶稣那些说方言的忠心门徒的队伍,一起团契,同舟共济。这些门徒是这新团体的核心。

五旬节是圣灵**浇灌**的日子。(约珥、彼得和路加选的词,"浇灌"——《使徒行传》2:17、33——表明势不可挡,就如大雨倾盆或大水决堤。)如我们所知,那是教会诞生的日子(一群耶稣里的信徒,重生者的国际社群)。在神伟大的救恩计划中这是划时代的事件,就如神子的道成肉身(我们每个圣诞节都在庆祝)或是他的代死与赐生之复活(我们在受难周和复活节庆祝)。每个事件都是改变世界的大事,因为该事件代表前所未有的新的启示。

那么为什么五旬节没有像圣诞节和复活节那样抓住人们的想象力或引发神的子民纪念性的行动呢?我特别以圣公会的状况为例(因为对此比较了解)回答如下:五旬节对我们意义不太大,通常来说是因为圣灵的工作没有在我们的思想和生活里显大。而这一现象是急需被改变的。

减去圣灵

由于对圣灵在我们身上并借着我们成就的作为缺少鲜活的认识，也很少让这种认识来挑战自己，在我们的教会中就出现了下面一种或几种曲解基督教的情况：

- **制度主义**，优先考量的是教会建筑的维护；定期进行敬拜聚会；教会、教区及全球圣公会联会的组织、行政和会众的稳定；以及不情愿动摇本地、全国范围或是全球范围的圣公会。

- **形式主义**，首先关注的是教会出勤情况；公众崇拜、祷告和讲道时的恰当举止；教会外的恰当行为；个人例行的每日祷告（可能短而又少）；坚信从事这些活动可以带来属灵的高度并能取悦神。

- **道德主义**，符合所谓"基督的道德准则"是其认为最重要的，因为它相信这是基督教的本质，也是通向救恩的路。

- **传统主义**，认为最要紧的是保持历史悠久的教会生活模式，呆在舒适区，与一切想要成为修正主义者的人争战。

诚然，这些态度里面有一点真理和智慧的成分。真正的基督徒确实会深度分享教会生活并深深关注教会生活的质量。他们确实会训练自己个人及公开的祷告。他们知道从某种程度上讲基督徒的生活就是祷告的生活，与神交通是至关重要的。他们知道他们蒙召要像基督那样顺服神的律法，并尽力遵守，虽然同时他们也知道自己仍是罪人，时常跌倒，需要不断地被赦免。并且他们也了解教会传统应当被重视，因为圣灵的智慧贯穿其中，不管还包含其他什么内容。

以上所列的几种态度，问题出在它们忽略了福音，边缘化了我们的救主耶稣基督的工作，以及借着圣灵在基督里与基督同在的生命光景，就是新约中常提到的在圣灵"中"的敬拜、祷告、活动和服侍的生活。（这小小的"中"一词承载了多么重大的真理啊！）然而这样的忽略意味着我们错失了基督教真正的核心；用保罗的话来说，他们有敬虔的外貌却违背了敬虔的实意。

110　　几十年前，当我还是个神学生的时候，有远见的老师们常为圣灵的边缘化而哀哭，他们把圣灵称作是失去位置的神的位格，是神学的灰姑娘。从那以后，少数圣公会信徒和其他宗派的一些人都受到了灵恩运动的影响，灵恩运动坚持我们必须向神敞开，无拘无束地向基督释放我们的祷告、感恩、喜乐、盼望、信任和激动。这些很大程度上标志着十七世纪清教徒和十八世纪福音派信徒灵性活力的复苏，虽然（或许我们可以这样说）组织得不一样，格调也不同，一些重点也有所变更。灵恩派的独特之处在于对五旬节的认识,他们认为神正在现代教会重建绝大多数使徒恩赐的记号(说预言、说方言、翻方言,及医病),以及以说方言为特征之圣灵的洗,就像当年的五旬节清晨那样,这种宣称是许多基督徒包括本书作者自己都不认同的。然而,除此之外,剩下的是对圣公会曾经熟知、需要再次寻回并且不应再丢失的内容的更新,这内容是指:基督徒经历到圣灵借圣经所做的鉴察人心的工作,认识到自己的深层需要,并进而体验与耶稣基督我们的救主和主(圣灵借同一本圣经将其向我们显明)面对面的关系。

加上圣灵

公元四世纪学者,有生之年被尊为"那位神学家"(the theologian,如几世纪后的加尔文那样)的纳西盎的格列高利主教说:"神学通过增添日渐成熟。"当然,他想说的是能够反映在历史中启示的渐进性的增添。旧约时代神宣称自己是独一的神,对其内在的三位一体只有一些隐晦的暗示,忠心的以色列神学其核心是一神论。通过道成肉身的圣子与天父之间关系的见证,一位神的多个位格得以展现,教会头几个世纪都在争论犹太神学,试图在三位一体和道成肉身的说法上达成共识。《使徒行传》描述了五旬节及其带来的结果,使徒的教牧书信也详述了第三位格圣灵的工作,但是宗教改革之前没有细究这一点。然而从那以后对圣灵的

111

研究(称作圣灵论)有了稳定的发展,约翰·加尔文的《基督教要义》、约翰·欧文的《圣灵论》和亚伯拉罕·凯波尔的《圣灵的工作》或许是其中的重点。

现在让我们站在巨人的肩膀上好好看看圣经对神的圣灵的介绍。

圣灵的名字

圣经里神给出的名字不只是标志,更是启示。神在燃烧的荆棘里告诉摩西(出3:13—15)自己立约的名字是耶和华(Jehovah),这是一个希伯来短语缩写,意思是"我是自有永有的",在一个怀有敌意并且看上去非常混乱的世界面前宣告了他的永恒和至高。当耶稣称呼他所爱并服侍的那位为"父"时,这个词宣告了权威性的爱、关怀、指引、供应和保护,我们会说这正是父亲身份的完整意涵。天使口中说出了耶稣的人类名字(太1:21;路1:31)。"耶稣"是希伯来人名约书亚所对应的希腊文,意思是"神是拯救者"。这宣告了他的事工:"你要给他起名叫耶稣,因他要将自己的百姓从罪恶里救出来。""圣灵"也是一个宣告性启示。"圣"承载了分别的基本意义,指那些在神里面与我们截然不同的性情,即超越的威严和纯全的道德,这些性情使他可畏,甚至可怕,就如以赛亚发现的那样(赛6:5),所有不肯悔悟的人有一天也会发现这一点(罗2:5—16;启6:13—17)。

112

"灵"(希伯来语, *ruach*;希腊语, *pneuma*)的基本词义是"风在吹",就像风暴,或像熄灭蜡烛时大口吹气,表示在充满活力的行动中运行的神的能力。因此说,这名字宣告了神无所不能的伟大作为——创造、掌管、更新以及按人所当得的施行审判。

圣灵的位格

旧约有上百处经文提到圣灵,每次使用的表达都是"神的(圣)灵"或"他(你)的(圣)灵"。每处表达的思想都是神拥有和施展的大能,就如经卷中提到神的眼睛、手或膀臂。然而其中并未提到圣灵是一独立的位格。从太初他就在那里,但在基督之前这一点并不明显。而在耶稣被卖之前最后一次对门徒的教导中,圣灵的位格十分清楚明白。

> 我要求父,父就另外赐给你们一位保惠师(或作"训慰师"。下同),叫他永远与你们同在,就是真理的圣灵……
> 但保惠师,就是父因我的名所要差来的圣灵,他要将一切的事指教你们,并且要叫你们想起我对你们所说的一切话。(约 14:16—17、26)

> 我去是与你们有益的。我若不去,保惠师就不到你们这里来;我若去,就差他来。他既来了,就要叫世人为罪、为

义、为审判,自己责备自己……只等真理的圣灵来了,他要
引导你们明白(原文作"进入")一切的真理,因为他不是凭
自己说的,乃是把他所听见的都说出来……他要荣耀我,因
为他要将受于我的告诉你们。(约 16:7—8、13—14)

经文此处说,圣灵说话、教导、见证、指引、宣告并且让
人信服。他名称为"帮助者",就是 *paraclētos*,这个词可意
指加力者、鼓励者、辩护者和支持者意义上的宽慰者。他是
代替耶稣的"另一位(第二位)帮助者",显然立场和地位与
耶稣一致。对圣灵位格的见证没有比这更清楚的了。《使
徒行传》里关于圣灵工作的记载、保罗关于圣灵为我们代求
以及圣灵有时为我们担忧的记录(罗 8:26—27;弗 4:30),
都进一步确认了这一点。圣灵的神圣位格与天父和圣子的
位格一样真实。

圣灵的工作

在旧约中我们读到,圣灵——

● 有份于世界秩序的创造,并有份于掌控我们所说的
  自然和历史进程(创 1:2;诗 104:29—30;赛 34:
  16);

● 借着直接交流和赐下具有敏锐洞察力的智慧,向传

讲神信息的人启示神的真理和旨意(民 24：2；撒下
23：2；代上 12：18；代下 15：1；尼 9：30；伯 32：8；
赛 61：1—4；结 2：2,11：24,37：1；弥 3：8；亚 7：
12)，并借这些启示教导神百姓忠信又丰盛的道路
(尼 9：20；诗 143：10；赛 48：16,63：10—14)；

- 引导人以信心、悔改、盼望、喜乐、顺服、圣洁、打开心
  门接受神的教导和指示来回应神(按圣经本身对"认
  识神"这一短语的理解)，并借着赞美和祷告与神团
  契(诗 51：10—12 等；赛 11：2,44：3；结 11：19,36：
  25—27,37：14,39：29；珥 2：28—29；亚 12：10)；

- 装备各人去服侍，有做领袖的，也有做各样工艺的
  (创 41：38,约瑟；出 31：1—11,35：30—35,比撒列
  和亚何利亚伯；民 11：17,摩西；11：16—29,七十位
  长老；27：18,约书亚；士 3：7—10,俄陀聂；6：34,基
  甸；11：29,耶弗他；13：25,14：19,15：14,参孙；撒
  上 10：10,11：6,亦见 19：20—23,扫罗；16：13,大
  卫；王下 2：9—15,以利亚和以利沙；赛 11：1—5,
  42：1—4,弥赛亚；该 2：5 和亚 4：6,建圣殿的工
  人)。

新约建基于此却远不止于此，一方面直接与道成肉身、
十架受死、复活、升天并被荣耀的神子及其工作相关联，另
一方面直接与由圣灵引导、借基督里的信与耶稣复活的生

114

命连接并团契的众人相关联。

圣灵与救主耶稣基督

圣灵创造性的力量影响了耶稣在马利亚腹中的受孕(路 1：35)，圣子在世的年日里，圣灵与他同在，也在他里面。他在耶稣受洗时以鸽子的形象公开出现在耶稣、约翰和其他人面前(太 3：16—17；约 1：32—33)，约翰由此确信"这就是用圣灵施洗的"。约翰被告知圣灵落在谁身上，谁就是赐予圣灵的。圣灵即刻带领耶稣到旷野"受魔鬼的试探"(太 4：1)；圣灵参与救主所有的事工(路 4：14)，使他能行神迹(太 12：28)，激起他的喜乐(路 10：21)，帮助他忍受客西马尼园的痛苦，以迎接代赎之死带给他的更大痛苦(来 9：14)。圣灵保守基督徒与神同在并为神而活，对在我们之前的救主也是如此。正如我们同时与父、子、圣灵(三者永远同在，从不彼此分离)产生互动的关系，同样，当子在地上时，父、圣灵也如他们一如既往且永远同在那样与他在一起。

115 圣灵与耶稣基督救赎的人

耶稣自己的话确定了这里的观点，"他要荣耀我，因为他要将受于我的告诉你们。"(约 16：14)圣子在与我们这有罪的族类接触时最高目标是要荣耀神，就是让天父因其奇

妙作为而受到赞美,圣灵在我们身上工作的最高目标也向
来是救主的荣耀,就是赞美救主的慈爱和怜悯、智慧和谦
卑、信实和对痛苦的忍耐,并他在其生平、死亡、复活和永在
中体现的一切其他美德,为要完成对我们神圣的救赎计划。
从这一角度看,圣灵持续的事工可以比作打在宏伟建筑上
的泛光灯,衬托出其尊贵而美丽的每个细节。强调基督当
受赞美是圣灵在基督徒身上一切工作的中心。

教导者与改变者

在这一框架里面,圣灵主要以如下几种方式帮助我们:

首要的是,他**教导**我们有关神的真理——神的所是、神
的道路、神的计划、神的良善和恩典,还有神对我们的旨意。
他通过使徒对基督的见证教导我们(约 17:20),这些见证
记载在新约里供人长久使用。这些书卷与犹太经卷(也就
是我们所说的旧约)是有机的整体。圣灵是所有这些经卷
真正意义上的作者,圣灵现在也是这些经卷真正意义上的
诠释者,带领我们在对经文信息的理解及应用上不断进深
(提后 3:15—17;来 3:7—11,10:15—17;彼后 1:19—
21)。这里圣灵再次跟随基督自己对旧约中指向他的经文
的关注(路 24:27,44;约 5:39),逐渐向我们展现主耶稣的
荣耀。

第二,圣灵**更新**我们的内心,就是每个基督徒的内在核

116

心，一切思想、欲望、动机、目的、创造性、抱负、顾虑、信念、反应、态度、爱、恨、盼望、惧怕及一切人之为人的因素的源泉。尽管在遇到基督之前，我们的心自然地执着于自助和自我扩张，也就是没有活出神造我们的样子，然而圣灵以神的话为手术刀和健身器，拉直我们里面的弯曲，并且使我们有属灵的看见，对神有属灵的回应，并且从今以后生活中处处彰显出属灵的、以爱为导向的、像基督的、荣耀神的行为。

总的来说，新约的信息就像是个椭圆，有两个焦点。第一个焦点是耶稣基督其人、他的地位和他过去、现在以及所预言的将来的工作，他是神子也是人子，是救主也是朋友，是犹大的狮子也是神的羔羊，配得天使和人类永远的尊崇。第二个焦点是耶稣基督救赎的人身上所发生的巨大改变，从最初心灵的更新（圣灵内住在我们每个人里面，按照基督的样式不断重塑我们的品格）到最终完全的顺服（重生躯体里向着被高举之主而活的生命），他将与我们同在，直到永远。把这两点连到一起的是圣灵的工作，他改变我们，创建并保持我们与复活主之间的联合，以至于我们的新生命同时是耶稣基督在我们里面并通过我们活出他复活的生命。新约的书卷，其实就是基督并他的使徒们，常常告诉我们基督徒活在基督"里面"，并且基督住在我们"里面"；刚才说的就是这意思。

117　　涉及我们的生命，这种重大的内在更新被耶稣（约 3：3—8）、雅各（雅 1：18）、彼得（彼前 1：23）和约翰（约壹 2：

29—3：9,5：1、4、18)描绘成**新生**,这包括在我们里面植入神不朽的"种子"。这"种子"承载着生命,代表着一触即发、充满力量、可以带来改变的神圣力量。我们彻底,永远地与以往不同,先是里面改变,紧接着是心改变之后外在的表现。神学家把圣灵这一工作叫做重生。耶稣告诉犹太学者尼哥底母,若不重生没有人可以看见或进入神的国,并且他补充说这样的重生超过人的理解,就如人无从得知风从哪里来又往哪里去。基督徒发现圣灵的重生带来整个生命超然的改变。他们在新的层面借着神的大能与神同在、为神而活并伏在神权柄之下;周围的世界不认识神,不知道是什么激励他们。因为他们不再是灵里瞎眼的、耳聋的或死的(就是对神完全无动于衷,参林后4：4;弗2：1—7,4：17—24),所以他们的心渴望找到并跟随一条基督为中心、荣耀神的生命之路。而这会带他们跳出这世界思想的圈子,即使他们仍然在这个世界,试图按照他们认为世界真正的需要来服待这世界。所以,当这个世界不理解他们,并且经常误以为他们有自我优越感并因此厌恶他们时,我们不应感到奇怪。

第三,继续我们的话题,圣灵**改变我们的生活**;他让我们沿着**信心**和**悔改**的道路行走,这是日常生活的原则。这两个事实常被分别思考,但是我们将会看到他们其实分不开,是同一事物——即**转向神**——的两面。下面我们就来思想这一点。

信心始于圣灵让我们意识到：神我们的创造主(我们在他手中被造,他定了我们最终的命运)是真实可信的,并且救主耶稣(他曾经被钉,现在已得荣耀,他邀请我们靠他得救恩)也是真实可信的。信心成长为对使徒福音里如下宝贵内容的相信和信靠(相信和委身):神的恩典、圣经中神的应许,以及神子自己通过圣灵就近我们。信心是对这三重恩典全身心的回应。这回应包括理智上接纳、情感上接受并以重整后的生命形态坚决顺从,这种生命形态让我们一直服侍我们的救主,倚靠他,做他门徒。**盼望**是凭信心在神应许的光中向前展望,**喜乐**是信心对救主的认识的反映和对永恒中与救主同在的期望,**悔改**是以信心宣布与以往的错误和缺点决裂。

悔改的意思是离弃罪。因此悔改不单是后悔和自责,虽然这通常是悔改的开始。悔改是离弃错的并以正确的代替。一旦意识到我们有做错的或有在神眼中看为罪的不好的习惯,我们要跟这些说再见,在十架前求神赦免,并求神赐予力量完全摆脱,即使当我们如此行的时候感觉像是砍掉一只手或一只脚或挖出一只眼睛(参太 5:29—30,18:8—9)。基督里信心的生活只有在发生真正悔改时才会开始,并且因为不论我们多么努力,仍会不时滑进罪中,真正的悔改需要成为每日的训练。基督徒的生活是不断地被赦免,且当我们悔改那一刻即被赦免。这将引出下一点。

第四,圣灵**帮助我们**在性情上**活像**基督。耶稣完美地活出了神的两大诫命——爱神和爱邻舍——并因此成为我们的典范。重生的信徒一开始是灵里的婴孩,洞察力和自律的能力都还没有发展起来,并且罪仍在他们里面,罪虽然不再掌权,但还未被完全消灭,仍在不断掠夺并试图重新控制他们。由此为出发点,重生的人要借着圣灵的力量长成基督的身量,圣灵保守他们不断有意识地努力活出当有的样子。这整个过程通常被称为成圣。一方面要培养新的习惯和美德,另一方面要去除现有不好的习惯。就后者而言,保罗使用了两个形象的词语,两个都是说把某物置于死地,传统上都被翻译为**治死**(罗 6:13;西 3:5)。就前者而言,应该说圣灵至关重要的大能使得各样美德超自然地生动起来,并且不断被操练,使我们进入靠自己怎样也无法达到的境界。"仁爱、喜乐、和平、忍耐、恩慈、良善、信实、温柔、节制",这些都体现在一个人身上,即耶稣的道德形象,现在也体现在他每个忠心的门徒身上。照保罗所说,这些就是"圣灵的果子"(加 5:22—25)。展现圣灵促成的基督形象必须成为基督徒追求的目标。我们若不抵挡圣灵,而是倚靠他,那么圣灵将满有大能地帮助我们达到这目标。

119

向着罪死

然而人里面的罪是信徒一生要面对的问题。在树篱上，牵牛花会开满白色喇叭样的花朵，继而很快凋谢。它是一种旋花类植物，根系错综复杂、互相连接，一旦生根几乎不能完全清除。同样地，反神、反智、反人类的倾向，这些圣经称之为罪的，也难以根除，并且非常令人头疼。罪极其狡猾，极具欺骗性，它就像撒但的第二自我，不断在我们里面寻找各样方式表现自己。从奥古斯丁到 C.S.路易斯（其间还有众多如云的见证人肯定他们的说法）都认为罪的本质就是骄傲——总渴望自己是正确的，总渴望领先，总渴望最终压倒一切；骄傲微妙且悄无声息，用各种各样的方式在人的生命中发动，不被发觉，隐藏其恶毒的实质。然后，当我们发现、拒绝并且至少暂时克制住一种骄傲，另一种骄傲又会在我们不注意的时候出现（骄傲可能存在于我们对罪的敏感及对禁欲之热切中），所以整个悔改过程在有生之年必须被不断重复。因此在与罪争战时最基本的就是要不断祷告：

> 神啊，求你鉴察我，知道我的心思；
> 试炼我，知道我的意念，
> 看在我里面有什么恶行没有，
> 引导我走永生的道路。
>
> （诗 139：23—24）

圣洁和罪一样始于内心，只有在辨别和驳斥不敬虔的态度和潜在欲望时才会增长。就此而言,耶稣对客西马尼园睡觉的门徒所说的话与此有更大的关联:"总要警醒祷告,免得入了迷惑。"(太 26:41)圣灵所做的是寻找并帮助我们明白他所发现的,让我们保持警醒祷告,警惕各样的邪恶,让我们意识到每个出现的试探,免得成为罪的俘虏,并让我们记得基督为我们付上代价、自我约束、谦卑、激励的爱。如此,他让我们更加愿意以每日的感恩讨主的喜悦,让我们日渐厌恶那些漠然的、不负责任的违抗他的念头。

我们需要明白,试探的形式因年龄、健康和环境状况而不同;一些消失,一些变化,一些被替代,另一些重复出现。自我为中心的骄傲的特征,从自怜到固执己见,再到自欺欺人的顽梗,这些在年轻人、中年人及老年人身上的表现都不同,贫乏、边缘化的人和富足、有身份的人面对的试探也不同。当人认为已经胜过了试探的时候,很可能恰又落入新的试探。所以圣洁之战看上去似乎永远与迷惑人的罪纠缠在一起。

约翰·卫斯理曾问那些想要加入循道宗团契("小团"[the "bands"])的人一些问题,其中包括以下两个问题,它们标志着两个递进的属灵阶段:"你希望被告知自己的错误吗? 你希望明白又直接地被告知自己所有的错误吗?"如果我们真打算向圣灵敞开自己,这就是他要为我们做的,并借此在与罪的争战中带领我们。但是我们真打算这么做吗? 在我们的众多教会中,这个问题的答案还悬而未决。

121

我们提到的很多有关圣灵在个人身上的事工的教导都来自使徒的教牧书信，这些书信写给地方教会，直接或间接地聚焦于在教会整体生活中的圣灵。为了让我们的介绍能够完满结束，现在要接着讲如下内容。

活的教会

使徒保罗是位开拓教会的福音使者和杰出的牧者，"天天……为众教会挂心"(林后 11：28)，这决定了他思想和祷告的内容，而那些小的敬拜团体——数量上可能达到十个、二十个、三十个、四十个、五十个，甚至会达到八十个(这是猜测，但我想也差不多是这样)——借着他或别人传讲的福音得以建立。但当涉及神学，就是思考神的启示和学习去以神的眼光看待事物时，保罗视这些教会为小宇宙、岩石、样本及神的约民代表、神圣之家、真以色列、新人类、重生信徒的国际联盟。而且，他把他们视作众多独一可见又强有力的相互连结的生命和能力之实体的缩影，就是以基督为首的身体，和以基督为新郎的新妇(参弗 1：22—23，5：25—32)。耶稣说他和门徒的关系正如葡萄树与枝子的关系(约 15：1—8)，此时主自己预先暗示了神的子民和基督那种有机的、合而为一的关系——神子民在基督里、与基督在一起、借着基督与父有关系，并且也在基督之下。就如神独一教会的生命之源是复活的救主耶稣，那通过每个人与基督的联合以及彼此在基督里的联合而不断传递的生命是由圣灵引发的。

有两组关键的思想为保罗所思考的这一切提供了外形和实质。第一组是教会的**合一**和**事工**。

教会的合一

以下两点怎么强调都不过分：神教会真正的有机合一，即作为神全球属灵生命的有机体在基督里的合而为一，是个现存的、被赐予的、神创造的事实；界定的标准要看是否有信心和悔改出现，就如上面所提到的。在分析"圣灵所赐合而为一的心"时，保罗写道："身体只有一个，圣灵只有一个……一个指望……一主，一信，一洗，一神，就是众人的父。"（弗4：3—6）这就是说，教会的合一包括所有教会的信徒——新教、罗马天主教和东正教。当然，各处也有一些教会拥护者，他们缺少个人对基督的信靠，不管他们对自己的宗派有多热心，在神眼中他们仍在教会以外。福音派一直用这一点来突出有形教会（呈现在我们眼前的教会）和无形教会（神认识的教会）之间的区别。

教会的事工

人身体中的众器官各不相同（手、脚、眼睛，骨头、肌肉和血液等等），保罗说教会也一样（林前12：12—26）。这两

123

种情况中的多样性都是为了统一的功用。在教会里，事工——即服侍——就是基督透过圣灵呼召的人来亲自服侍他的百姓以及他们所在的世界。能够为主所用的这种能力叫做恩赐，或圣灵在人身上的异能(林前 12：4—11；彼前 4：10—11)。每个活着的基督徒都被呼召并装备成为基督的手、脚、口舌、笑脸，或任何其他器官，为要在爱中彼此服侍，透过每个人的服侍，基督的身体按照计划成长(弗 4：11—16)。

使徒对教会事工的思考遵循两条互补的思路。一方面，系统教导，带领敬拜，培训各年龄段的信徒，惩戒违规的人，持守和平，帮助生病的、贫穷的和软弱的，并激发会众的热心，这些是持续的教牧任务，为此要任命可胜任的人作为长老和执事来服侍。另一方面，服侍的恩赐被赐予每个基督徒(罗 12：4—8)，并且所有的恩赐都当被使用，所以每个人都要找到适合自己的服侍方式，并融入教会生活中；不然圣灵的感动会在一定程度上被消灭，教会的成长也会受到阻碍。事工的关键是"两者都"，不是"二选一"；我们的事工不同，但我们都一起做工。

第二组关键思想关乎地方教会的**道德**和**活力**。

教会的道德

基督徒活在耶稣的主权之下，成为他的门徒，被算作神的儿女,就是天父皇室家族里耶稣的兄弟姐妹,基督徒蒙召要在个人生活及教会整体中过谦卑、圣洁的生活(彼前 1:14—17)。皇室家族的生活方式应当总是尊崇最高君主。教会蒙召要"热心为善"(多 2:14)。哥林多教会的基督徒陷入了纷争和内部对立,容忍不道德行为,并且完全不彼此体谅,完全没有爱。保罗重重地批评他们的缺乏,以及他们容让自己因所受的恩赐骄傲,在生活中忽略了爱的操练。

教会的活力

去使人做主门徒是教会的行军令(太 28:19—20),内在的惰性在这任务面前是站不住脚的。保罗想到腓立比教会就喜乐,因为他们"站立得稳,为所信的福音齐心努力",并且"在这弯曲悖谬的世代,作神无瑕疵的儿女。你们显在这世代中,好像明光照耀"(腓 1:27,2:15—16)。保罗的喜乐每个教会都应当有。

结语

以下是有关圣灵的三个基本真理:(1)他是神的一个位格,神三位一体中的第三位,与圣父、圣子共同参与每个神圣作为。神圣三位格总是一起同工。(2)在神的行动小组中,圣灵可以说是执行者和协助者,通过他的亲力作为,一切创造及拯救之工得以完成。(3)整本圣经对圣灵的呈现是间接性的,由于关注的焦点要么是圣父要么是圣子,或者只是神自己,从来都不是圣灵单独受到关注。他是支持者的角色;他的任务和成就从来都是高举圣父和圣子。

125　　认真对待圣灵意味着接受以上观点,认真思考圣灵过去和将要成就的荣耀圣父和圣子的事,并为之祷告。

认真对待圣灵会有以下表现

- 基督徒有意识地追求个人的圣洁,操练门徒的功课,好好使用恩典和长进之法(读经、每日祷告、定期聚会、积极敬拜和作见证、领受圣餐等等);

- 基督徒有意识地寻求全教会生命的更新,在敬拜、团契、成熟以及扩展的事上更新,与牧师和会众合力确保所有信徒都以圣灵所赐的恩赐来服侍,且被这样服侍;

- 基督徒有意识地学习并持守健全的教义,因为这是圣灵教导的圣经中的真理,也是他用来喂养和坚固信徒的途径;

- 基督徒有意识地为福音的广传,为基督国度在世界的拓展而努力并为之祷告。父和子赐下圣灵便是为了赋予信徒力量去完成此使命(参约 16:7—11);

- 基督徒有意识地信靠、爱、崇拜、感谢、赞美和讨

主耶稣基督的喜悦，他是救主和朋友,圣灵在我们里面与我们一同荣耀他(约 16：14)。

现在让我们安静地思考,问问自己：我们对待圣灵有多认真？从今以后我们要怎样认真对待他？

研习问题

1. 总体来说圣公会和现代福音派没有认真对待圣灵,你同意吗? 为什么?

2. 你所在的教会尊崇圣灵吗? 你是否有看到圣灵的工作被拦阻的现象?

3. 你支持前面几页关于圣灵在个人身上的事工的描述吗? 为什么?

4. 你接受本章对圣灵在教会中的事工的分析吗? 你有要补充的内容吗?

5. 对你来说个人和教会整体生命更新的核心元素是什么?

6. 你如何知道你已经受圣灵并有圣灵的内住?

7. 就个人生命而言,你认为哪些是圣洁的标记?

第七章
认真对待洗礼

首先，要弄清楚我们在讲什么。

洗礼的基要真理

主耶稣基督在世的工作结束时，他规定了两个仪式，要求门徒在他离世之后遵行。

第一个具有筵席的形式，始于犹太民族的逾越节筵席。它被称做主的晚餐（the Lord's Supper）、祝谢餐（the Eucharist）或圣餐礼（the Holy Communion），要定期举行。从一开始门徒们似乎就每个主日（即礼拜日）都守主餐，并且在其他日子信徒聚集敬拜时也有举行（参徒 2：42、46，20：7、11；林前 11：20—34）。

第二个包括在复活的主耶稣给使徒的大使命中，以洗净全身作为象征。救主为其规定了独特的话语("奉父、子、圣灵的名"),但这行为本身早已在非犹太人进入犹太社群的过程中使用过。这些人被称为皈依犹太教者(proselytes),用今天的话说就是"归信者"(converts)。另外,施洗约翰——耶稣的表兄——之前也使用洗礼作为对他事工的回应。作为一个记号,它象征着人全方位的悔改和离弃已知的罪,预备弥赛亚的即将到来。**洗礼**(baptism)一词来自希腊语,意思是"洗"(washing)。该词是用于描述其背后行为的通用术语;执行该仪式的人被称作施洗者;在耶稣的时代,其象征意义——人洁净污秽并开始全新生活——是众所周知、毋庸置疑的。

洗礼在实际操作中基本如此:受洗者被带到水边,然后或是实质性地进入水中片刻,或是站在水里或水旁并由施洗者将水倾倒在头上,以此象征受洗者被水淹没。这两种方法在犹太人的实践中或在约翰的事工里是否有同等地位,其中一个是否比另一个更加标准,耶稣说的到底是哪种方法,这些我们都无从考证,也似乎无关紧要。两种方法都清楚地表达了其象征意义——进入水中,象征与过往生活决裂;从水里出来,象征新生活的开始。这一点显然才是最重要的。水洗的象征意义表示这委身是在一个人过犯得赦免可以有自由的新生命这一框架里。因此这仪式同时象征着结束、进入和开始。鉴于这一性质,一个人只应受一次洗礼。

耶稣命人遵行这两个仪式表明他认为这很重要。显然他视这两者为标示基督徒生命的起头和延续的仪式。他把这两者呈献给门徒,用以指向、庆祝并坚固与他在圣灵和信心里独特的结合,可以说这是信徒的脐带,把他或她连于基督里的生命,这生命开始于此,而后达致完全。与复活并做王的基督(他是担当我们罪的救赎者、至高主权的主、朋友兼兄弟、帮助和盼望)及其父(因着恩典和收养,他成为我们的天父)的联合和交融是真基督教之本质。这两个仪式所表示、象征及印证的就是这种超自然的生命,这生命建基于神的宝贵应许和不间断的爱,并借圣灵得以在我们里面维持。

129

按照基督的提示,基督教会向来把洗礼和圣餐当做重要的事,并且发展出了三种不同的途径介绍它们,每一种都强调一个基本要素。

首先,最早的后使徒神学(与新约一样用罗马通用语希腊文写成)和希腊语神学称这些仪式为 *mustēria*(奥秘)。该词囊括一切符合以下两点的内容:其内容只有借启示才能被人了解;而且这种了解是有限度的,因为很多内容超出我们有限头脑能够理解的范围。在这里,两个仪式都表明神、基督、天堂并新生命的**临在**,这一事实虽然眼不可见却是永恒真实的;这是福音信息呼唤我们确认并做出回应的事实;这两个仪式都是神赐的标记,都动用我们的感官体验的真实性，以帮助我们确信相应的事实。

《海德堡要理问答》是经典的宗教改革文献，其第七十五条的答案提供了在领受主餐时我们内心当有的思想模式。

基督已经吩咐我……吃这饼、喝这杯来记念他，并作了以下的应许：第一，他的身体在十字架上为我舍了，破碎了，他的血为我流了，正如我亲眼看见主的饼……主的杯……再者，他被钉的身体和流出的血，喂养我的灵魂直到永生，正如我领受并用嘴吃喝主的饼和杯那般确实。

正如在这里是个核心词，按思路来看可说是关键词。因此也可以说圣餐是基于眼见为实的原则，换个说法，即注视并实际地吃下那象征，让人确认自己已经有份于那象征所指代的。洗礼也类似：信徒牢记（或被提醒）自己的洗礼是过去的一个事实，这会使他坚定相信自己现在已经与基督同死同复活，确知自己蒙召在此时此地活出神赐予的新生命，通过与世界保持区别来影响世界。关于最后一点，我们在合适的时候会讲更多。如此，这两个仪式可被视做**奥秘**，因其以可见方式显明神在过去和现在透过基督所行的救赎之工。这两个仪式使其接受者更加**确信**神在掌管他们的生命。

130

第二，从早些时候起，西罗马帝国拉丁教会称这些仪式为圣礼（*sacraments*），这是今天对它们最通用的称呼。拉丁词 *sacramentum* 最初是军队用语，表示士兵庄严宣誓完全效忠罗马君王——士兵都是在罗马君王的旗帜下被征召入伍的。当基督徒把这个词拿来使用时，其类比之意有了一些改变；宣誓一方换成了神，他承诺把救恩赐给每个接受基督为救主、宣告悔改的信心，并且一生完全对神忠心的人。基督徒的这一宣告本身固然重要，但因其是回应性的并且因而是衍生的，所以重要性次于神自己的承诺。

《三十九条信纲》是十六世纪圣公会的信仰告白，其第二十五条说："基督所设立的圣礼，不仅是基督徒信奉基督的符号，**更是**神对我们的恩典……确实的凭证，及有效的表征，他用圣礼在我们里面潜移默化地做工，不仅激发，而且增强、坚定我们对他的信仰。""更是"一词表达出该词之后内容的至关重要性。

考虑到重洗派信徒，信纲第二十七条确认：

洗礼不仅是宣认圣教的表记，以及基督徒因此而与未受洗者有所区别的标识**……**也是重生或新生的表记，因此，凡**合法**领洗的人，借着洗礼（如同借着一个**工具**）就被**接枝**入教会中。我们借着圣灵罪得赦免，并被收为神之义子的诸应许，都在洗礼中有形地得到**印证**；这样，信仰得以坚

131

定,又因向神的祈祷,恩典越发增多。(粗体为作者所加)

注意此处的法律背景,这一点许多时候被忽略了。**印证**在保罗的文章以及今天的法律文件里都是对所陈明内容的真实性及约束力的庄严肯定。**工具**在十六世纪许多文献中所指的并不是我们二十世纪读者所理解的做工的工具或器械,而是一份法律文件,一份转让证书,使某人有权拥有或享受某种特殊利益(在此处表示分享与神同在的生命联合,属于真正的教会,用园艺术语表达就是嫁接,参保罗在《罗马书》11:17—24 的形容)。同样要注意到,**合法**(在权威拉丁文版本中为 *rectē*)一词的意思不是"仪式方面的正确",而是"一个人当行的"——是针对个人而言的。1604年的《克兰麦公祷书问答》(Cranmer's Prayer Book Catechism),依然保留在 1662 年的《公祷书》中,解释说:

问:对受洗者有何要求?

答:悔改(借此弃绝罪)和相信(借此坚信神借着圣礼赐给他们的应许)。

问:那么,婴孩年幼而不能照做(即还不能悔改并相信),又怎能受洗?

答:婴孩借着其保证人(即教父母、父母、监护人)承诺悔改和信心。保证人承诺,当婴孩长大成人后,他们自己要有悔改和信心。

因此圣礼之用语强调并保证神应许将来的拯救,与此
相对应的是人承诺以悔改和信心的生命回应神。信徒在受
洗时被要求宣告悔改和信心,并且之后每当领受圣餐时都
要再次宣告。

第三,有好几个世纪整个西方世界慢慢形成一种惯例:
在婴儿洗礼仪式上为他取名,之后孩子在某个年龄开始领
圣餐(后被重新命名为弥撒),但在领圣餐时是被动的,并不
理解圣餐的意义,也无法与神交流。这里看不到信心和悔
改的回应,大家普遍认为只要圣礼正确地施行,两个圣礼可
自动传送其所象征的祝福。为了对抗这种迷信的圣礼主
义,一些新教徒停止使用**圣礼**一词,而用**仪式**(ordinances)
取代,有时将其扩展为**立约仪式**(covenanting ordinances)。

从神学上讲这样做是有益的,因为**仪式**宣告了这是神
圣命令的事实,而**约**是仪式代表的中心内容。圣经里约是
广泛的双边承诺,连接着立约双方的善意和忠诚。通常的
表述公式是:"我是你的,你也是我的",在人类关系里主要
的例子是婚姻。耶稣在最后的晚餐中说这杯是"用我的血
所立的**新约**",这可回溯至《耶利米书》31:34 的预言,并前
瞻即将发生的他为罪献上的代赎牺牲。很久以前,神在设
立入会仪式(the initiatory rite,此乃洗礼的前身)时对亚伯

拉罕说："你们所有的男子都要受割礼,这就是我与你……所立的约,是你们所当遵守的。"(创17:10)因此,"**立约**"一词说的是所承诺之团结、忠诚和坚忍的双向通道——也就是爱,这爱塑造了圣父、圣子和圣灵与悔罪的信徒之间的救赎关系。正是在这些条款中,神与我们及我们与他的连结得以阐明。

133　　目前为止,我们把洗礼和主餐归为一对。然而从现在开始,我们要特别关注洗礼。

洗礼的行为

本章反映了笔者的观点,即圣公会的所有思想学派(姑且不论其他宗派的信徒)至少在这一点上是一致的——都没有严肃对待洗礼。我们可能也会肯定洗礼的重要性,让它在神学里占一席之地,但我们在思想、祷告或谈话中却极少把它当做是基督徒身份的决定性因素。传道人很少强调洗礼,(在洗礼仪式之外,你上次听到有关这个题目的讲道是什么时候?)并且当他们讲的时候也不为之振奋,也不会让会众常常记得洗礼。在那些施行婴儿洗礼的教会(就像我的教会)尤为如此。洗礼常安排在主日,但某种程度上这让人们感到洗礼似乎是敷衍地被嵌在各种崇拜活动中间,洗礼之外的活动被认为更加重要。假如有一位天外来客,他很可能会得出这样的结论:对今天教会里的成年人而言,他们的洗礼已经只是模糊的过去里非常容易被遗忘的一个次要事件,而不是今天继续在他们的基督徒生活中占据核心地位的事件。

与此相反的是公元二世纪时教会给归信者施行洗礼的方式,当时基督教严格来说是不合法的,随时都可能因当地执政官心血来潮而受到迫害。当时洗礼被设计为复活节庆典的一个高潮,复活节本身是教会年历中最重要的节日。在复活节那天,新入教者业已在三年内逐一完成要理问答的分级教导——基督徒生活的真理,应如何按照这些真理具体生活,以及当下必须辨别和避免的关乎信仰和生活的错误。此刻新入教者在会众面前坚定宣告信仰,脱去衣服,三次没入水中,再重新穿上白衣,这白衣要穿一个星期,最后被欢迎进入教会并成为正式成员,被允许到主的桌前分领第一次圣餐。仪式过程中他们接受三次用油膏抹:驱邪油,驱除恶灵;感恩油,庆祝归信者在基督里的新生;主教重复感恩油,并祷告圣灵以大能充满这新生命将来的每一天。仪式很隆重,不是吗?是的,当然,这场景没有哪个新入教的人会轻易忘掉。洗礼之于新加入基督教的人,就如同英国的国王加冕礼之于新国王一样重要——仪式都占据中心地位。加冕庆典显明、庆祝并祷告新的统治刚刚开始;它表明了国民拥抱新纪元时所发出的感恩、喜乐和盼望的声音,这新纪元开始的标志就是国民公开承认并正式加冕其新的君王。这是个庄严的划时代事件,洗礼也是一样——就像

134

上面所描述的。

当我说要严肃对待洗礼时我是在追求宏大的庆典吗？不！我提出这问题只是要尽可能果断地去除这想法。我不反对庆典，只要它表达并加强内心已有的内容；我这里关心的是内心的内容，而不是其他的。你可以按照二世纪的方式接受洗礼（基本上这个形式持续到五世纪，而东正教婴儿及成人洗礼很大程度上仍在延续这个形式）；这可能成了你珍贵的记忆，或是你珍惜的成长经历；但你可能仍然没有按圣经标准认真对待洗礼。历史上，洗礼有很多不同情况，也有很多不同方式：对成人和年轻人及怀中婴孩；倒水、洒水和浸水；公开的，就如主日礼拜的一部分，或在户外河边，或海边；部分或全部会众参与，或私下参与，就如家庭聚会，或者崇拜之余在教会中，或在家或在旅馆；有很多神学信念告诉你应该怎样。但是没有哪个方法、信条或环境保证能使人——不管是见证人还是受洗之人——认真对待洗礼。

那么我说严肃对待洗礼是什么意思？我感兴趣的是明白洗礼会带给我们的不同，现在我给出三点圣经分析，我相信会恰当地说明这一点。

洗礼的神学

洗礼如何呈现在耶稣的大使命中

就如马太所记载的，我们所说的大使命紧跟复活救主的重大宣告，"天上地下所有的权柄都赐给我了。"他继续说，"所以，你们要去使万民作我的门徒，奉父、子、圣灵的名给他们施洗。凡我所吩咐你们的，都教训他们遵守。"（太28：18—20）

"使……作……门徒"是单个希腊词，意思对应于现代日渐广泛使用的**门徒**一词，是个涵盖性术语，表示培育。但这意味着什么？一个门徒基本上是一个学习的人，接受其他人的教导。培育者是一个给予教导并助人成长的人。我的一位朋友写了一本书，大胆地命名为《去使人做学习者》（*Go Make Learners*），他在书中指出：洗礼的中心就是人一生都通过耶稣呼召的仆人和教师向耶稣学习，就如使徒们前三年跟肉身的耶稣学习一样；这解释了为什么在《使徒行传》的记载中，初期教会让在基督里宣告信仰的人马上受洗，而不是等待更多有关门徒造就的指示，或等到他们展示出忠诚。我认为这本书的作者在这两点上都是对的。洗礼成了初入教者成为门徒的第一个步骤，就如耶稣自己的话（使万民作我的门徒……给他们施洗……教训他们……）指示和倡导的那样。

但在被视为一个受洗的人对基督的回应之前，洗礼首先应被看做一个神圣应许的体现，同时也是发自三一神的一个呼召，一个要求。短语"奉……的名"的意思不是"代表……"或"代理"或"凭……的权柄"。英文标准版圣经

136

(ESV)旁注说这个短语的字意是"**进入**……的名",这是来自马太那个时代法律、银行和商务界的用语,内容表达的是所有权的转让。就如我们存钱或登记财产"在某人名下",此人之后就拥有并使用该财产一样。因此当施洗者说他奉圣父、圣子和圣灵的名施洗时,他在宣告三一神中的三个位格成为这人的联名拥有人,因此我们可以说受洗者处在新的管理之下。这进入水中再出来的可见仪式所代表的祝福,是给那些存感恩的心拥抱以下事实的人:他们现在属于天父,成为他收纳的孩子;属于圣子,成为他买来的产业;并且属于圣灵,成为他做工要改变的对象。这是洗礼具有的约的层面,因为这正是洗礼宣告的内容。

洗礼如何存在于保罗对我们与基督联合之记录中

保罗先是得胜地宣告神恩典的权势胜过了死亡的权势,接着他问,我们可以仍在罪中,叫恩典显多吗? 在他断然否定的回答中涉及洗礼,洗礼表示我们与基督的死与复活联合。

岂不知我们这受洗归入基督耶稣的人,是受洗归入他的死吗? 所以我们借着洗礼归入死,和他一同埋葬,原是叫我们一举一动有新生的样式,像基督借着父的荣耀从死里复活一样。(罗 6:3—4)

他在《歌罗西书》中对他的基督徒读者(对他来说是陌生人,正如对在罗马的人一样)说话,说他们借着与基督的死和复活联合而经历了他所说的属灵的割礼。

你们在他里面,也受了不是人手所行的割礼,乃是基督使你们脱去肉体情欲的割礼。你们既受洗与他一同埋葬,也就在此与他一同复活,都因信那叫他从死里复活神的功用。你们从前在过犯和未受割礼的肉体中死了,神赦免了你们(或作"我们")一切过犯,便叫你们与基督一同活过来。(西2：11—13)

这两段经文中"下去又起来"(under-and-up)的仪式都代表我们与基督联合的两个方面,这是我们得救和与他产生永远关系的最深刻的两个维度。

保罗在理解和阐述救恩时,其思想经常在两个概念之间来回移动,这两个概念密不可分,但也不能缩减为一个,这就是我们常说的"在基督里和借着基督"。没有这种思想上的来回往复就不能将救恩表达完全,这一特点是以下面保罗对介词的使用为标志的:

当使徒保罗把注意力放在福音宣告的与神的新关系上时(就是和好和称义、饶恕和平安、赦罪和收养),他将其当做已经**通过**并**借着**(dia)我们的主耶稣基督为我们成

就的事实。他为我们死——就是**代替我们**(*hyper*,如罗5:
6—8;加3:13)——而后复活、回到荣耀里,现在掌权,将
来要回到地上,若我们已死就唤醒我们,若我们还活着就
改变我们,给我们最终的祝福和永远的丰盛。保罗这里
是让人清醒地意识到,之前当我们在基督之外时,我们是
堕落的、有罪的、迷失的,我们现在及将要永远享受的救
恩都归功于他。

然而当保罗直接讲到从福音而来的基督徒新生命时,
他总是说"基督里(*en*)的生命"(至少出现一百零一次),就
是与基督联合的生命,及与基督**同在**(*meta*)的生命(出现
十六次),就是与基督联合并密契相交的生命。保罗在此归
纳的是对已复活掌权、可亲近又积极作工的基督清晰的认
知,他现在与我们同在,并且他复活的生命也借着圣灵在我
们里面,圣灵造就了今天的我们,使我们与以往大不相同,
他继续重塑我们,使我们越来越有他自己的荣形。保罗想
让我们知道借着与基督信心的连结,在我们身上发生了什
么—— 在我们身份没有改变的情况下,创世的大能已把我
们变成新造的人(林后5:17),结束了旧的、以自我为中心的
有罪的自我,借用保罗的园艺用语,把我们嫁接到复活主的
生命里——通俗一点讲就是把我们插入到他里面,这带来的
直接结果就是我们有新的渴望、新的力量和新的喜乐。保罗
的属灵本体论告诉我们促成这一改变的神怎样看待并认识

自己手中的工作。在保罗看来,我们已与基督一同(且在基督里面)被钉并且一同复活(见加 2:20;弗 2:5—6;西 2:11—13)。

这种变化正是洗礼"下去又起来"之仪式象征的意义;这也是圣礼以基督为中心的层面。

洗礼与教会的关系

保罗的福音里不可或缺的是有关教会的记载,而关于教会,最基本的一点在于——即便未明确指出,却隐藏其中——普世教会和地方教会的区别。普世教会是全球信徒在基督里的团契,地方教会是一群在具体地方以特定方式组织聚集的信徒,为要一起活出真正教会的样式,成为普世教会有机生活的微型范例和标本。保罗将教会刻画为多民族、多文化、全球性、敬拜的、服侍的、仁爱的、劳作的、受苦的、成长的、延伸的整体,在这里每个人借着圣灵连于主耶稣,并且主耶稣永远是教会的头。

这教会的合一——因成员都与基督联合而得——有纵横两方面的意涵。所有成员连于基督,并且专心热爱和侍奉他这位慈爱的救主和主。同时,我们所有信徒也这样彼此相连,并且专心彼此相爱、彼此服侍,因为我们在主家中都是弟兄和姐妹。在《以弗所书》里,普世教会的三个核心形象——即建筑、身体和基督的新妇——都是这层意义上

139

的集体形象。或者想象一下自行车车轮：轮辋上每根辐条分别连于轮轴，并且经过轮轴与其他所有辐条相连，组成一个功能单位。保罗就是这样看待教会。

保罗显然为地方教会可能会忘记或抓不住重点（教会到底是什么，按神心意本应当是什么）而焦虑，所以我们不应感到奇怪，当保罗开始阐述可见的教会应怎样"行事为人就当与蒙召的恩相称"时，他一开始就列出了构成教会在基督里合一的七个要素。我们发现在一个身体、一个圣灵、一个盼望、一主、一信之后，一神之前，是一洗（弗4：1—6）。关于洗礼，保罗这里要讲的是什么？彼得·欧白恩（Peter O'Brien）答得好，"只有一洗，这是因为信徒只连于一位主耶稣基督，所有信徒只组成一个身体。那些受洗归入基督的就披戴了基督（加3：27）。"欧白恩补充说，"除非保罗想到的是在灵里与基督联合，否则他整体的洗礼观就没有意义"（*Letter to the Ephesians*［Grand Rapids：Eerdmans；Leicester, UK：Apollos, 1999］，284）。灵里与基督联合意味着加入那独一的世界性社区——就是他的宫殿、他的身体、他的新妇；一些人完全属于这社区，而另一些则不在其中；在这社区中不论有多么错综复杂的派别，都只有一个公认的进入仪式，把一切相信和不信的人区分开，即奉三一神之名施行的洗礼。这就是洗礼意义中以**教会为中心**的要素。

洗礼和婴孩

已经宣告相信耶稣基督是他们救主、主、老师和领导者的成年人为什么应该受洗,现在已经清楚了。耶稣亲自指示所有接受与他和天父及圣灵永远连结之印记的人都是属他们的。这是对他们施恩的管道,确保他们领受神的怜悯,并使他们一直清楚知道与基督的联合与团契这一事实以及随之而来的福祉。当然,有些人受了洗却不真正相信(例如,徒 8∶13—34;林前 10∶1—12),但发现一个烂苹果并不能否认周围好苹果的美好。然而还有一个问题∶婴儿对洗礼一无所知,为什么还要给他们施洗? 圣公会和其他教会有什么理由支持婴儿洗礼? 信纲第二十七条在什么基础上断言"教会给幼童洗礼是明智的,与基督的规定相符"? 新约没有明确的例子也没有清楚的命令,怎么证明婴儿洗礼是合宜的?

简单的回答是(有很多书都在谈这个话题),在圣经里我们看到神把父母和依附他们的未成年孩子看做一个灵性整体,婴孩和父母一同在盟约共同体中,这有点像加拿大的孩子从一出生就与父母一同成为加拿大公民。正如这些加拿大幼年公民应当被父母及其他导师教导去理解他们的公民权并在一定的时候行使之,同样,基督徒的孩子既已在公众面前被献给神,并在公众面前被接纳入父母所在的教会团契,所以也应当借着洗礼象征性地表明他们在基督里的

141

生命,而后被抚养成人,以使得他们能够自觉并全心地进入这一新生命。换句话说,他们应当被带领进入个人与基督的信仰。正如大主教厄舍(Ussher)很久以前写的那样,当我逐渐明白神在洗礼中在我身上做了什么并且凭信心持定这福分的时候,我才真正得着"这礼仪的益处——即借着洗礼赐予我的应许、权利和特权"。《公祷书》指示说,当受洗的婴孩长大,了解要理问答的内容,有确据证明对基督有真正的信心,并借着信心抓住神赐予的福分,这时他们当受坚振礼(被主教祝福成为信徒)并被欢迎与全教会其他成年人同领主餐。

重视洗礼

我想(正如前面所说的),在思考我们新生命的塑造时,我们很少有人会想到洗礼。诚然,我们可以养成基督徒当有的态度和委身,而无需时时想到洗礼。然而,就如穿上制服有助于士兵铭记他们在服役,他们首先要效忠国家,并且首要任务是服从长官的命令,同样,铭记我们已经受洗,有助于我们持续聚焦基督徒的委身。马丁·路德告诉我们,在他时常与魔鬼交战的当口,当他遭遇魔鬼试探的时候,他常会想起 *baptizatus sum*(我已受洗),这会让他站稳并行在正轨上。同样,这对我们也一样适用。具体来讲,这里有做主门徒的三个原则,是我们灵魂的敌人不断努力要让我

142

们忘记的,但记住我们的洗礼会帮助我们保持鲜活的记忆。

洗礼提醒我们自己的身份

我们知道并且记得自己是谁吗?

我们的身份是我们意识得到的自我。它是受我们的关系、我们的环境和我们的成功或创造性努力或其他任何可能发生之事的影响而形成的。基督徒的身份应当是受我们与救主基督的关系影响而产生的。他既是我们的救主、主和神,也是我们的老师、兄弟和朋友。洗礼作为记号和象征,带领我们进入这关系里面。我们在敬拜中向上仰望,在期待荣耀中憧憬未来,观察周围,以为我主的缘故在爱中服侍他人,这些操练应当不断增加,越来越成为基督门徒表达其身份的方式,而我们的洗礼使我们致力于一生做主门徒。作为门徒,我们是得救的罪人,恩典在我们身上,现在我们的拯救者耶稣如牧羊人一般领我们回家;我们是有特权的人,我们死的那日其实是第三个生日,之前是自然的婴儿出生和我们作为信徒的新生。正如我们前两个生日都带来更广阔的经历和喜乐的增加,第三个同样也会。基督徒的死亡是提升而不是悲剧,不论它来得多么早;哭泣的人是为自己哭,也为其余活着的人哭,但不是为先我们一步的人哭。慕迪(D. L. Moody)曾说过一句令人难忘的话:"有一天有人会告诉你慕迪死了。千万别相信! 那日我将在宝座前;我

143

将比以往任何时候更有活力。"基督徒诗人罗伯特·布朗宁
(Robert Browning)写道:"将要来的是最好的。"基督徒散文
作家乔治·麦克唐纳(George MacDonald)说:"如果我们
了解神眼中的死亡,我们会鼓掌的。"等待着我们的那生命
比我们目前经历过的一切都好。洗礼是我们跟随基督从死
到复活的生命,思想我们的洗礼将把我们基督徒身份的这
些方面鲜活地存在心里。

洗礼提醒我们自己的成圣

我们是否清楚并且记得,神呼召我们并赐力量使我们
在此时此地圣洁地生活?

对信徒来说,洗礼宣告了与基督在死的形状上联合这一
超然事实。也就是说,虽然罪作为敌对神的力量仍然在我们
里面,但它对我们的统治已经被打破,所以我们能够以一种
之前无法做到的方式有效地拒绝罪。"因为知道我们的旧
人和他同钉十字架,使罪身灭绝,叫我们不再作罪的奴仆。"
(罗6:6,参6:2—3)我们的洗礼也宣告我们与基督一同复
活,这意味着,正如"他活是向神活着","这样,你们向罪也
当看自己是死的;向神在基督耶稣里,却当看自己是活的。"
(6:10—11)"但现今你们既从罪里得了释放,作了神的奴
仆,就有成圣的果子,那结局就是永生。"(6:22)所以"倒要
像从死里复活的人,将自己献给神,并将肢体作义的器具献

给神"(6：13)。我们的生命因此变得具有超自然的性质。复活主,我们圣洁的元首,还有圣灵,我们圣洁的帮助者,带领我们进入治死罪的操练,就是抵挡并逐渐除掉罪(参罗8：13;西3：5),并培养和操练圣洁的习惯,就是神的律法和基督的榜样规定的样子(参加5：22—23;弗4：20—5：2)。思想我们的洗礼也会有助于我们在这方面坚持不懈。

144

洗礼提醒我们要忠诚

忠于主耶稣基督也是我们生命的一种动力吗?

忠诚是感谢、钦佩、亏欠感以及对不间断的爱和关怀的感激之综合。对耶稣的忠诚是做门徒的基础,就如士兵的制服是公开对国家和国家事业的委身,同样,知道我们已经受洗这一点,应该激励我们保持对耶稣基督和他在这世界的事业不可撤销的委身。洗礼对我们的要求是对耶稣坚定的忠诚,这忠诚表现在抵挡世界、肉体和魔鬼,也表现在任何处境下都为他的名站立得稳。这是否意味着反文化? 不信奉英国国教? 不受欢迎? 被视作反叛者? 为信仰受罚? 有时候,是的。新约里明白说这是基督徒的标准。但对基督忠诚要求我们借着自己活出不一样的生命而带来形势的改变;在洗礼中圣父、圣子和圣灵应许以信实待我们,所以我们这受洗的人也当对基督忠心,没有任何借口,在每一天,就在此时此地活出这忠诚。可以说,我们已经被赐予并且穿上了制服,使我们作为基督的精兵和仆人被分别出来——借用《公祷书》的措辞;我们永远穿着它,绝不在任何情况下玷污它。记得我们的洗礼将不断提醒我们这一切。

那么问题是:我们对洗礼有多认真?现在,你来回答。

研讨问题

1. 这些年洗礼对你来说有多大意义？它多久出现在你脑海中一次？它对你的生命塑造有何影响？

2. 你认为洗礼的仪式和基督徒个人的自由之间有什么关系？

3. 在什么意义上洗礼是一个人进入教会的开始？

4. 对于受婴儿洗的人，你建议怎样做门训？

5. "总要记得洗礼代表我们宣告跟随救主基督，成为他的样式，他为我们死而复活，我们也当如此，我们受洗，向着罪死，向着义活，不断克制一切邪恶欲望，每日在各样美德和敬虔上长进。"（圣洗礼，《公祷书》，1662年）这个陈述对你的影响是什么？

6. 教会当做什么，以保持对洗礼重要性的关注？

第八章
认真对待圣餐

侦查：智慧和杂草

着手写这一章时，我心里非常忐忑，我担心大多数人从心底里就没有认真对待圣餐，很多人根本没有意识到他们在这一点上的过错。

我们所在的教会或许会在崇拜中定期举行圣餐，我们或许会参加，因为牧者期待我们如此，并且我们也知道应该这么做。即便如此，诚实地说，相比圣礼，我们对讲道更感兴趣。我们觉得讲道更重要，对其期望更多，我们更加集中关注于讲道，崇拜结束后也更多思想其内容。我们或许在头脑中知道很久以前有些基督徒认为讲道和圣餐都至关重要，他们充分预备圣餐并聆听之后的灵修式短讲，但这知识并没有触动我们的内心。我们想不出这些老旧的礼仪对于我们有什么益处。

我们新教为什么简化圣餐？为什么想当然地认为这是次要的，甚至无足轻重？真正的问题是我们可能不知道自己已被肤浅、保守的传统影响，认为不要太过重视主的晚餐（或祝谢餐、弥撒、礼仪[Liturgy]、掰饼、圣餐、主的桌子等任何其他名称）是明智之举。这传统像很多其他传统一样是一种反弹，在这里是对我们在罗马天主教、圣公会高派和东正教看到的，或我们认为自己看到的，或我们被告知要看到的状况的反弹。这几个教派都把圣餐当做教会敬拜的中心，但是（我们确定）它带有误解和迷信，而且简化讲道（我们对此更加确定）。一味对其他传统的所谓问题进行反弹，并不会让错误得到纠正。

这是一种无知的歪曲，因此在讨论的第一步，我必须请求读者摈弃这种偏见，不论它是以什么形式存在，或在心中有多么根深蒂固。园丁因受过损失而学习到，野草会扼制健康花卉的成长，种进去的种子还没发芽就死了，因为野草太茂密。在堕落的人心中也一样。沉溺在偏见的歪曲和恶意的想像中，清晰的真理要经过挣扎、再挣扎才得一见。我们接下来提到的天主教遗传可能在细节上有误，但是我们将会看到其中正确的成分更多，反而是认为基督徒敬拜中圣礼是次要的这一观点，其错误的成分更多。我讲这些是要使人在圣经的光照下，清晰地来认识圣餐的教义，这是我

148

们接下来的任务。

认识到有关神的事实

当一个话题开始变得有争议,观点开始有分歧,讨论的第一步应当是回到起初大家认同的基本点,并且试着找出在哪里、怎样、为什么会出现分歧。在这里就是要让圣经带领我们回到起初神创造人类时对人类生命的目的。

神创造人类,也造了众天使,来永远与他密契相交,爱慕他的美好,尊崇他的智慧、能力和荣美,并且满心欢喜地按他的要求服侍他。在这创造的美意中,他展示了对多样性的喜爱,为我们成就了没有做在天使身上的东西。他把我们造成复合性的整体,兼具精神和物质的部分——或许我们更愿称之为有身体的灵魂,或(也完全可以说)有灵魂的身体。换句话说,每个人活在身体器官中,也借着身体器官活着。然后他让我们过预备的生活,比天使略低,目的是预备我们承受不断提升的生命,在新天新地中要比天使高。我们被赐予身体来经历并享受其他的人和物,这是没有身体的天使无法做到的。我们人类如此被造,是为了让我们身体的经历和享受——就如抽象的、评估性的、想象的及主导的观念组成了我们的思想生活——自然、本能地唤醒对神的感激,知道他是一切美好事物的源头。这些也当激发我们因他赐予这样的生命以及生命中一切的丰富而充满感恩；这丰富就是一切通过感官而有的感知能力，以及借感知力获得的很多美善的、伟大的、辉煌的洞见。不仅如此，我们继续存在过程中所经历的每个元素和事件都是要激起比我们目前经历到的任何喜乐都大的对神计划的渴望和盼望（神计划要在新天新地中完全满足这渴望和盼望）。所以我们居住的世界以及身体和心意的变化是神与我们互动的途径，借此启示他的真实，让我们敬拜他。

在救赎的事上，神指定物体作为属灵记号，可见的物体指向神那不可见但却有效的使我们蒙福的作为（旧约中的记号有割礼和逾越节，新约中有洗礼和主餐）。这其中的原理相同。因为这些记号以及与之相伴的话语宣告具有从神而来的权威，所以我们应当告诉自己记号所代表的属灵祝福于我们就如可见的记号一样真实。我们当明白神的良善——他既给了我们祝福本身，也给了我们象征祝福之真实性的可靠记号。然后以此为基础，我们带着信心进入与神的团契，展望此刻这些记号指向的更伟大的荣耀和喜乐。

教会由来已久的表达这一切的方式，是把整个宇宙和其中的一切称作**圣礼性的**，而将重要的记号称作**圣礼**。主流教会几百年来都这样使用这些词。

但是我们太超前了，必须转回去。现在我们从开始的地方快进。人类历史的起头罪就出现了，不但使我们都处在神的审判之下，还使人类本性扭曲变形，以致现在我们的心中本能地厌恶虔诚，我们本性里对神荣耀的感知也迟钝了。但神已经恩慈地实行一个拯救策略，以神子的道成肉身、活在世上、死亡、复活和掌权为中心，他通过圣灵造了新人类，就是被称为教会的盟约共同体。基督命令在这团体中遵行两个仪式作为合一的纽带。其中一个用水，另一个用饼和杯，这成为他对我们拯救之工的记号。二者都象征了我们借着基督的和好之祭与天父恢复了关系，以及借着圣灵在基督里，我们恢复了对神和敬虔生命的爱慕——神凭其主权使我们重生并使我们被扭曲的道德本性得以复苏。一个是洁净和入会的仪式（洗礼），另一个是维持和继续的仪式（主餐）。我们现在关注的是第二个，接下来我们必须仔细复习一下新约里呈现圣餐的方式。

151

回顾新约记载

圣餐的象征意义在于：我们存活所需要的食物在餐桌上得到固定的供应。饼和葡萄酒是一世纪巴勒斯坦饮食的主要内容，在耶稣设立新仪式时已经是逾越节晚餐的一部分。马太和马可对设立圣餐的记载几乎完全一样：耶稣拿饼祝福（就是为之感谢父神），然后擘开分给门徒，说："这是我的身体。"接着他拿起杯祝谢了，递给门徒喝，说："这是我立约的血，为多人流出来"，马太加了"使罪得赦"（太 26：26—28；可 14：22—24）。这里分享饼和杯成了对话语所指神圣作为的真实性、有效性及益处的保证;这里物质的食物被用作圣洁的用途。路加记录耶稣的话说:"这是我的身体,为你们舍的,你们也应当如此行,为的是记念我。"然后说:"这杯是用我血所立的新约,是为你们流出来的。"(路22:19—20)保罗转述他"从主"领受的话(他的意思是从当初使徒口中领受),在福音书记载内容之上加入"你们每逢喝的时候,要如此行"(林前 11:25)。耶稣要人不断重复这仪式,就如人常吃饭一样(大多数西方人士一日有三餐)。毫无疑问,耶稣讲的是亚兰语,他的话最初是口传的,这些希腊译文产生轻微的变化一点也不奇怪,有些话被某些人省略却被另一些人记录,有些话被某些人记录又被另一些人省略。

这些陈述的意义有三点:

1. "是"后面紧跟着表语"我的身体"和"用我血所立的新约",这里的"是"意思一定是"代表"或"象征",而不是"构成"。认为耶稣的话像巫师的咒语,把饼(可能还有葡萄酒)变成其他东西(不论是借着添加还是变质),这说法很有市场,但似乎不可能,因为耶稣这么说的时候还与他们同在,其位格依然如故。其实耶稣的身体为门徒而舍指的是他将要在十字架上牺牲的死。之前他说过他来"要舍命做多人的赎价"(太 20:28;可 10:45)。

2. "立约的血"呼应摩西在西奈山把牺牲的血洒在百姓身上:"你看! 这是立约的血,是耶和华按这一切话与你们立约的凭据。"(出 24:8)这约是外加的一种关系,神宣告

152

自己是以色列的神,以色列是他的民。"新"约(路加和保罗说的)先是在耶利米的预言中被提及,而后在《哥林多后书》3∶5—18得到部分阐释,最后在《希伯来书》8∶1—10∶18得到更完整的解释。"新"约是前约的升级,在新约中,基督一劳永逸为罪牺牲,结束了旧约重复的献祭,而且圣灵赐下动机上和行为上真正的圣洁。

3. "为的是记念我"指向双重行为,二者都被有关"我"——耶稣自己——的信心知识所定义。自发的记念是我们的行为——记念他;喜乐地、崇敬地、有意地注目于他;赞美他,向他祷告。而耶稣的行为是:借着圣灵更新我们对神恩典的感激、对恩典中赦免的确信、对荣耀的盼望,及服侍他人的力量。他现在活着并且在复活的大能里与我们同在,每次真正主持圣餐的是他;我们是从他手中领受饼和杯,他保证在爱中继续养护我们的灵性直到永远。

为了纠正哥林多信徒对待圣餐的轻率以及领圣餐时的不按规矩、缺少爱心——似乎把圣餐当做疯狂的野餐——的状况,保罗给了我们关于这一圣礼的微神学。

153

客观意义。 耶稣的话语赋予饼和酒意义,而不断举行的具有象征意义的圣餐礼见证了历史上两个影响深远的事件。一个发生在过去,是耶稣在十字架上的自我牺牲,为相信的人开启了通往永生之门;一个发生在将来,是耶稣再来审判全世界,并且更新整个宇宙,那时就不再需要这些圣礼了。"你们每逢吃这饼,喝这杯,是表明主的死,直等到他来。"这象征意义如此重要,所以必须尊重圣餐。

主观意义。 "我们所祝福的杯,岂不是同领基督的血吗? 我们所擘开的饼,岂不是同领基督的身体吗? 我们虽多,仍是一个饼、一个身体,因为我们都是分受这一个饼。"(林前 10:16—17)领受的意思是分享、吸收某物或参与到某事中。每日饮食提供身体营养,我们的消化系统吸收养分。基督规定的吃喝仪式则提供对灵性的滋养,我们同领他的血和身体。我们在他救赎的死上有份,就是吃喝象征的实际意义,保罗在其他地方说到信徒与基督同钉十字架的事(罗 6:6;加 2:20)。这只是故事的一半,因为它也象征了基督喂养我们使我们得以生存。他带领所有信徒进入他复活的生命,使我们成为"一个身体",并与他联合。从这合一里面,借着圣灵涌流出属灵的活力:敬拜及服侍所需的健康和力量;我们在自身生命中所不断发现的爱、才干和能力的内在源泉。

当道成肉身的神子耶稣设立圣餐时,他知道不久自己将被钉死。但他也知道第三天他要从死里复活,到时候要回到他原有的荣耀里,并要差遣圣灵提醒所有祷告他名之人他的临在和大能。他已经把这一切都告诉了门徒。很清楚,他是要规律、重复的圣餐成为他和每个敬拜之人令人雀跃的相遇,并希望敬畏主成为全教会的性情,与哥林多教会

154

盛行的亵慢、放纵、无序(林前 11：20—22)截然相反。基督的肢体当中缺乏爱心、彼此藐视都是对基督本人的冒犯,因他是整个身体的头和生命。但这些都不及干犯圣餐严重。所以保罗对混乱的哥林多人说了下面这番严厉的话:

> 所以,无论何人不按理吃主的饼、喝主的杯,就是干犯主的身、主的血了⋯⋯若不分辨是主的身体(即不明白圣餐的象征意义,或许也可以指破坏教会团契的丑闻),就是吃喝自己的罪了。(林前 11：27、29)

这些不应被轻易忘记。

领受饼和杯

如上所述,每个基督教会中的全体成员一起分领具有象征意义的主餐记念基督,这是他自己的指示;与其他耶稣要我们做的事一样,我们要自己决定怎样做最好。设立这一圣礼的经文告诉我们,记念主应当是同时记念他为我们牺牲的死和他对约的委身。领受饼和杯的行动——这饼和杯仿佛直接来自于他——则当表达我们对他信靠的更新,他是我们的救主、老师、管教者、朋友,并且如保罗在《歌罗西书》3：4 说的,是我们的生命。这些是圣餐要表达的多边关系。

记念耶稣就如记念任何我们要敬重的人,首先是将我

155

们的思想聚焦在他身上,以及他的目标、他的行动、他所参与的事上,并怀着赞美之心牢牢地记住这些事实。通俗讲就是要看他的方法,看他自己,并看他在地上所看的。然后(既然他现在已经复活并与我们同在,并通过敬拜带领者的手和声音帮助我们),记念耶稣也意味着在我们心里对他倾诉我们记念的内容。

这爱中的圣餐可以用四个方面界定。

1. 向**上**看。这里的"上"当然不是指与我们的距离("上方"),而是指荫庇我们的主的尊荣。虽然基督与我们亲近,但他全然崇高,我们对他的亲近也应反映我们对此的认识。我们当仰望主耶稣,神道成肉身的圣子,如今坐在父旁边,是我们的救主,我们至高的拯救者,他供应并维持我们的平安、爱、喜乐和力量,他差派圣灵内住在我们里面,我们与他联合,他充满我们的新生命。我们当以敬畏和喜乐仰望中保耶稣,他把我们带入他父的家中,他此刻正在喂养我们,让我们有超然的生命,我们当对他献上赞美和感谢。

2. 向**后**看。我们当静思髑髅地和它对我们的意义;与父的和好,对信徒的赦免,被神称为义并收养,永久的保障,都成了真的;撒但被打败,借着基督并在基督之下,整个被罪玷污的世界到时将被彻底重整。基督借着他在十字架上的死所成就的,应当成为我们记念并与他团契的中心,他是我们的复活主,是那真正的圣饼。保罗说:"但我断不以别的夸口,只夸我们主耶稣基督的十字架。"(加6:14)像保罗

156

一样,荣耀十字架应当是每个基督徒领受饼和杯时思想和灵性操练的一部分。

在此回想以色列逾越节的重要性有助于我们理解耶稣设立的圣餐。圣经告诉我们,这一年一度的大事,一开始是神为了救他们脱离埃及为奴之地命令他们准备的筵席。这里有两个意义。首先,这意味着保护以色列人免于第十灾,而埃及所有头生之子都在这灾中死了。以色列人之所以幸免于难,是因为每户把羔羊的血涂在门楣和门框上。神说:"我一见这血,就越过你们去。"(出 12:7、12—13,尤其是13 节)这里可以明显看到替代性赎罪祭的预表。第二,那一餐指明是为匆忙离开而预备的,"与无酵饼和苦菜同吃……不可剩下一点留到早晨……你们吃羊羔当腰间束带,脚上穿鞋,手中拿杖,赶紧地吃。"(12:8—11)出离埃及的门即将被打开,以色列人要做好离开的准备。以色列民族蒙拯救背后的属灵内涵是——人们借着十字架从罪的权势下得释放,而逾越节显然预表了这一点。当我们来到主的桌前沉思默想时,回想这一点显然是十分合宜的。

3. 向**前**看。"你们每逢吃这饼,喝这杯,是表明主的死,直等到他来。"(林前 11:26)基督要来(实实在在地亲身降临),带每个信徒回家,或者是在保罗这节经文中所说的主再来审判之日,或者(就像到目前为止每个信徒所经历的,直到将来那一大事发生)是在我们离世之时他亲自向我们显明。耶稣说:"我去原是为你们预备地方去……必再来接你们到

157

我那里去；我在哪里，叫你们也在那里。"(约 14：2—3)这应许将以或前者或后者的方式成就在我们每个基督徒身上。

恋爱或婚姻中的情侣在两地分离期间如果能电话联系都会十分高兴，但相聚时更是欢喜，交谈时可以看见并触摸对方。同样，目前在祷告中与圣父圣子团契会带来喜乐，但在天上，当我们得到耶稣全然的眷顾(作为神，他做得到，而且已经在做了)，那时的喜乐更大，我们会见到他的面，与他爱的团契将会有无法想象的亲近和丰富。在圣餐桌前，可以展望这些，在我们心里，可以对救主说我们会如此行。

4. 向**周围**看。我们信徒是肢体，或照钦定本圣经所说，是基督属灵身体的一部分。基督的身体是指教会，信徒互为肢体不仅是教会的内部特征，也是其为人熟知的表现。基督徒作为教会成员的生活应该是持续的爱的服侍，包括服侍其他信徒及信仰圈外有需要的个人或团体。我们的服侍当被真实的人们呈现的真实需要所塑造和衡量：耶稣所讲的好撒玛利亚人的故事就证明了这一点。因此，我们领受主餐时当问自己，并求主耶稣告诉我们，圣餐结束后，当我们分散到广阔的世界中时，我应该投身在哪些需要里去服侍。如果我们不能在每次圣餐聚会中再次奉献自己去服侍有需要的人，我们就极大地玷污了已经拥有的门徒身份，把跟随耶稣仅仅当作一种形式，在信仰上虚伪而且完全脱离现实，因为那种态度表明我们根本不愿意爱人如己。

158

如果这些是我们来到主桌前脑海里思想的内容，那么我们就能明白保罗如下劝诫的重点所在："人应当自己省察，然后吃这饼，喝这杯。"（林前 11：28）这不单单是说我们不应像哥林多教会的人那样随随便便，不守规矩，其实更是提醒我们到主桌前时需要心存敬畏，预备好自己来注视我们的主基督。我们当承认自己对基督和信徒缺乏忠诚和爱，并要有悔改的心。我们需求问主他要给我们什么新的命令，对于我们已经知道当行的事，求主加添力量使我们做得更好，并且我们需要尽量真诚地表达对所受恩典的感谢之情。

圣餐的形式有多种。圣餐通常是在某种形式的福音信息宣讲之后，而圣餐的一种常见程序是这样：唱一首圣诗，为着圣礼背后的属灵事实而祷告，宣告有关设立圣餐的经文，分发饼和杯，会众感恩的结束祷告，祝福，散会。历史性的《公祷书》礼文（基本上是 1552 年的版本）逐渐发展出带有特别力量的三个主题：罪、恩典和信心。罪的表达是深刻的整体认罪及请求赦罪。恩典的表达是牧师以宣告式祷告求神怜悯，之后是"安慰的（即鼓励的、令人安心的）话"，引用四处新约经文（太 11：28；约 3：16；提前 1：15；约壹 2：1—2）宣告圣父和圣子的救赎恩典。然后，信心借着迸发的感恩崇拜表达出来，之后是圣礼，确认每个人都与刚刚庆祝的基督的救赎之工有份。

兔子的踪迹*：临在观问题

　　到目前为止，我们的阐述都是灵修式的，并且有实践意义，不应当在结束时陷入不和谐的争论。但有些事在结束前必须要说明，在教会两千年基督教主流思想中一直有一个突出的观念，但它看上去既不符合圣经又没有实际果效。这种观念认为在主教或长老祝圣了圣餐的饼和杯后，基督就以一种独特的方式临在其中。

　　这种观念认为，虽然食物外表没有变化，但它们实际上已经在字面意义和本体论意义上成为基督的实质载体，这种改变是通过超自然的途径使内在实质发生变化（罗马天主教），或基督以超自然的方式把自己加入饼和杯（路德宗），或通过某种我们完全不了解却必须接受的真实的超自然过程（东正教和英国圣公会高派）。我认为所有这些认为基督荣耀的身体以某种特殊的方式存在于圣餐的饼和杯当中的观点都是错误的，但我目前不打算讨论这一点。我的目的是引起大家关注这观点的糟糕内涵：如果祝圣了的饼和杯是特别的（因为基督以特别的方式临在其中），并且如果领受时也接受了基督特别的丰富和特别的功效（正如人们通常所认为的），那么在别的地方基督就既不是如此完全地临在，也不是如此可亲近的了。相信这种特别的临在很容易

---

　　* "兔子的踪迹"（rabbit trail）这个英文习语，意思是"似乎有道路，却不会通向任何地方"，这里暗指真实临在观有问题。——编者注

造成对圣餐的迷信,并且削弱每日在基督里信心的操练。

　　持"真实临在"(real presence)观(包括此观点所有的形式)的人是基于他们对耶稣设立圣餐时所说话语的理解("这是我的身体⋯⋯我的血"),并由他早期在迦百农会堂说的话作支持:

160

> 　　我是从天上降下来生命的粮;人若吃这粮,就必永远活着。我所要赐的粮,就是我的肉,为世人之生命所赐的⋯⋯你们若不吃人子的肉,不喝人子的血,就没有生命在你们里面。吃我肉、喝我血的人就有永生,在末日我要叫他复活。我的肉真是可吃的,我的血真是可喝的。(约 6:51—55)

　　但这种声称在设立圣餐的话语中找到的支持是没有说服力的。前面提到过"是"在这里意为代表而不是身份。今天在犹太人的逾越节上,领袖举起饼说:"这是苦难之饼,是我们的祖先在埃及地吃的。"耶稣所说的"是"与这里的"是"同义,而在这里明明是"代表"的意思。当耶稣说把他当做生命之饼来吃的时候,并不是说真在吃他的肉喝他的血(听上去很吓人,好像是说食人族),他指的是一种信心,人凭此信心坚定仰望他,深信他是为我们的罪而献上的祭物,并仰赖他维持我们属灵的生命。加尔文说:

> 　　把这段话应用于圣餐是错误的⋯⋯在未设圣餐前这么

谈论是愚蠢和毫无意义的。显然,基督在这里说的是日常不断地吃基督的"肉",这只能借着信心实现。(*John*, eds. Alister McGrath and J. I. Packer〔Wheaton, IL: Crossway, 1994〕,170)

加尔文当然是对的。为了强调耶稣说吃他的肉就有生命这话的意义,约翰至少四次用到一个比较不寻常的、非常切合实际的词 *trōgō*,此词的一个意思是"不停咀嚼满口的食物并发出响声",就像英文里的"munch"(大声咀嚼);他每次用到 *trōgō* 都是使用现在时态,指的是连续的、进行中的动作。这动作不是形容圣餐,因为——就如加尔文指出的——当时圣餐还未设立,而是与圣餐本身所要指向的有关,即通过圣灵直接与基督在信心中团契,回应他的应许和救赎之工。

"真实临在"观有两个缺点。圣餐本身会促成我们称之为僵硬或神秘的祷告,这种祷告令人思维停顿,头脑空白,注意力浮在我们认为不可理解的内容表面。更加健康的是上面的说法——在祷告中回顾并回应核心真理(既包括陈述之真理,也包括有关实际生活的命令)。神已经启示这些真理让我们学习并借此指引我们的生活。另外,如前所述,基督"真实临在"于被祝圣的饼和杯中这一观点意味着,与领圣餐时相比,在其他普通时刻,基督离我们比较远。如果持这种思想,在与他日常团契中我们的心就会冷淡。因此基督通过圣灵一直与我们同在并祝福我们这一事实,即使不被完全忽略也将黯然失色。

　　这就是为什么我认为"真实临在"的教导虽然表现了尊重,也是好意,但就像兔子的踪迹,看似清楚,最终迷失。它不能像其相信的那样加深对圣餐的热情,也不符合圣经的实际教导,这种理解反倒至少会——即便不总是一定如此——拦阻持这种观点的信徒操练新约所鼓励的与主耶稣每时每刻、完全彻底、全心投入的密切关系。那么关于基督"临在于"圣餐中,我们有哪些正面的教导呢?首先,我们要清楚这里的临在与耶稣受难前应许中的临在是一样的:"无论在哪里,有两三个人奉我的名聚会,那里就有我在他们中间。"(太 18：20)也与他复活后告诉门徒的临在是一样的:"我就常与你们同在,直到世界的末了。"(太 28：20)这是得胜的、至高的救主的同在,在第一种情况中是指耶稣客观上的无所不在,在第二种情况中是指他与每位信徒同在,保守并喂养他们。为了表述清楚我们需要咬文嚼字,应该说基督在圣餐礼中临在,而不是在圣餐的饼和杯中临在。他的临在虽然不是以身体的形式出现,在关系层面他的临在却是个人性的,也是真实的。基督的临在,不是在圣餐的食物中,而是与他的敬拜者一起;并且其临在的实现不是借着神职人员正确执行之圣礼的类似魔术的力量,而是借着圣灵的大能——圣灵住在信徒心中帮助他们了解基督的真理。这不是消极的临在,而是积极的临在。这临在不是通

162

过感觉获知(因其通常并非可"感觉"的),而是透过其内含的属灵事实而为信徒所知。借此我们的主让我们与他更亲近,并且更新我们在今天或将来的某一天拥有他的死带给我们的一切益处之确据。进而,就如一餐美食让身体得力,我们的救主也让我们得力,更新信心和爱心、忠诚和顺服、敬拜和服侍。这是我们这些信主之人在圣餐时所当寻求的,如果我们这么做,就能寻见。

反思和重估

我一开始就说过,关于圣餐,我们应该发现天主教的传统整体来说正确成分远多于错误成分,而福音派传统整体来看错误成分要多于正确成分,可能这说法会刺激到某些人。是时候让我的"妄言"变成"嘉言"了,为此我提出如下结论供我们思考。

圣餐应当是教会敬拜的中心

我这么说的意思并非圣餐聚会不需要讲道,也不是说圣餐比传讲神的话更重要。神的话和圣礼是连在一起的,甚至可以说在我理解的敬拜中是孪生的。我要说的是:耶稣指示门徒定期进行记念性主餐,而且很显然从一开始他们就是这么做的。会众每个主日都聚集领圣餐,罗马天主教和东正教教会仍在持续这一做法。然而在中世纪的西方教会,礼文

163

使用的是拉丁文,在懂拉丁文的小圈子之外无人能懂,使得弥撒(当时的圣餐)日渐式微。然后在改教时期,当人们试图纠正这些时,两个不幸的事件使得圣餐被边缘化。

在日内瓦,加尔文每周守主餐的请求被官方拒绝。他不得不每月进行一次圣餐礼,剩下的时间则每周讲道。日内瓦的模式影响了整个西欧新教。而在英国,虽然克兰麦编撰的《公祷书》要求神职人员每主日早祷后主持圣餐,但立法规定每个成年人每年必须参加三次圣餐:圣诞节、复活节和五旬节。法律下限成了惯常上限;偶尔领圣餐成了国民想当然的做法;参加圣餐逐渐被视为并非教会的本质所必须要求的,而是成了信仰上可选择的内容,是否去领圣餐成了个人的决定。这也是一个颇具影响力的负面榜样。

讽刺的是,在最直接被加尔文和克兰麦影响的圈子里(两个圈子的人都强烈渴望让圣餐再次成为敬拜的中心),人们做了许多事阻止这样的事发生。但事情就是这样发生了,福音派世界大体上仍旧需要采纳改教家的观点。然而我们需要大声宣告:伴随讲道的圣餐,是神设立的教会仪式,也应成为每个教会每主日聚会的中心。

圣餐应在个人信仰生活中占据固定的一席之地

如上所述,我们生活在一个把圣餐从教会之主要仪式贬低为个人之次要选择的时代。在这样的时代,每个信徒

164

都要来建立个人的规范——怎样最好地把圣餐与读经和祷告等其他信仰基本要素一起融入他或她每日的信仰生活模式中。我不是要提议一种模式,我只是说需要有一个这样的模式,并且我要宣告:只有当圣餐成为这模式的一部分,并以祷告预备和跟进,才是恰当地领受圣餐。我目前的任务就此结束了,请读者与神我们的父和耶稣基督我们的救主一起在这事上寻求吧。今后,我们要如何以严肃的态度在领受圣餐的事上荣耀基督呢?

研习问题

1. 你怎样理解圣餐作为圣礼的描述？

2. 圣餐当是地方教会每个主日敬拜中的主要事项，你认同吗？

3. 你有定期参加圣餐聚会吗？如有，为什么？如果没有，为什么？你认为应当多久参加一次？

4. 对于文中所说的主耶稣基督在圣餐中的临在和行动，你能认同多少？

5. 你当怎样预备来参加圣餐？你当怎样在之后的实际生活中贯彻领受圣餐的意义？

6. 你会怎样使圣餐服侍中在基督身体里的团契尽可能真实和有意义？

索 引

（索引中的页码为原书页码，即本书边码）

经文索引

图书在版编目(CIP)数据

虔敬的奥秘/(加)巴刻(Packer, J. I.)著;李亚玲译.
—上海:上海三联书店,2018.10(2025.6重印)
ISBN 978 - 7 - 5426 - 5464 - 9

Ⅰ.①虔… Ⅱ.①巴…②李… Ⅲ.①哲学－通俗读物
Ⅳ.①B-49

中国版本图书馆 CIP 数据核字(2016)第 015809 号

虔敬的奥秘
——要道须知

著 者 / 巴 刻
译 者 / 李亚玲
丛书策划 / 橡树文字工作室
特约编辑 / 刘 嵘
责任编辑 / 邱 红 陈泠珅
装帧设计 / 周周设计局
监 制 / 姚 军
责任校对 / 张大伟

出版发行 / 上海三联书店
　　　　　　(200041)中国上海市静安区威海路 755 号 30 楼
邮 箱 / sdxsanlian@sina.com
联系电话 / 编辑部:021 - 22895517
　　　　　　发行部:021 - 22895559
印 刷 / 上海盛通时代印刷有限公司

版 次 / 2018 年 10 月第 1 版
印 次 / 2025 年 6 月第 9 次印刷
开 本 / 890mm×1240mm 1/32
字 数 / 120 千字
印 张 / 6.75
书 号 / ISBN 978 - 7 - 5426 - 5464 - 9/B · 459
定 价 / 38.00 元

敬启读者,如发现本书有印装质量问题,请与印刷厂联系 021 - 37910000